제사(題詞)

좋은 드립과 나쁜 드립

잘 생긴 사람이 하면 좋은 드립이고,
못 생긴 사람이 하면 나쁜 드립입니다.

그래서 이 책은 나쁜 드립책입니다.

잠깐 뭐 임마

드립의 정석

장르는 에세이로 하겠습니다. 근데 이제 드립을 곁들인

산 란

작가 소개

얔ㅋㅋㅋㅋㅋ 저기 니 남친 지나간닼ㅋㅋㅋㅋㅋㅋ
에서 남자친구를,

이거 완전 미친새끼네
에서 미친새끼를,

오빠 너무 웃긴 것 같아요
에서 웃긴을 맡고 있습니다.

저기 누렁소랑 검은소 중에서 누가 밭일을 잘 하는지는 모르겠는데 밤일은 제가 잘합니다.

차 례

요 약

음력 매달 초하룻날과 보름날, 명절날, 조상 생일 등에 간단히 지내는 제사.

영남·호남 지방에서는 차사(茶祀)라고 한다. 차례는 원래 다례(茶禮)라고 하여 문자 그대로 다(茶)를 행할 때의 모든 예의범절을 뜻하는 말이었으나, 지금은 다례라 하면 옛날 궁중의 다례나 불교의 다례 등을 뜻하는 말이고, 차례는 명절에 지내는 속절제(俗節祭)를 가리킨다. 또한 차례 자체도 지방에 따라 다르지만, 대개 정월 초하룻날과 추석에만 지내는 것이 관례로 되었다.

옛날에는 정초에 차례를 지낼 때 '밤중제사(또는 중반제사)'라 하여 섣달 그믐날 밤 종가(宗家)에서는 제물과 떡국을 차려놓고 재배(再拜)·헌작(獻酌)·재배한 다음, 초하룻날 아침에 다시 차남 이하 모든 자손이 모여 메를 올리고 차례를 지냈다. 모시는 조상도 고조부모·증조부모·조부모·부모의 4대를 대접하였으나 지금은 가정의례준칙에 의하여 조부모·부모의 2대만 제사지낸다. 사당(祠堂)이 있는 집에서는 사당에서 지내고 기타 가정에서는 대청이나 안방에서 지내며 차리는 음식은 정초에는 떡국, 추석에는 송편을 기본으로 하고 과일·포·탕·식혜·어적·산적·나물·전·편·국·메 등을 마련한다. 제사는 먼저 제물의 진설이 끝나면 장자(長子)가 재배하고 헌작한 다음 메를 올린다. 올린 메에 수저로 十자의 자국을 낸 다음 45°각도로 꽂고 일동이 재배한다. 국을 내리고 숭늉을 올린 다음 숭늉에 밥 3숟가락을 만다. 메에 뚜껑을 덮은 다음 차남이 아헌(亞獻), 3남이 첨작한 후 일동 재배하는 것으로 끝낸다.

ⓒ 두산백과

프롤로그. 장르는 에세이로 하겠습니다. 근데 이제 드립을 곁들인

그럴 때가 있었습니다. 문장이 의미하는 그대로 정말 무엇을 써야 하는지 모르겠는 때, 노트 위에 펜촉을 세운 채로 써야 할 말과 해야 할 말을 고민하고, 팔릴 말을 생각하는 때.

운이 좋았다고 해야 할지 나빴다고 해야 할지, 우습게도 그럴 때 제가 썼던 글은 저에게 웃음을 주었지만, 다른 사람에게는 그저 그런 의미 없는 단어들의 나열로 넘어갔습니다. 그래도 사실 뭐 무슨 상관이에요? 내가 쓰고 싶어서 썼는데.

"요즘 젊은 사람들은 정말 책을 안 읽는다."

사실 누구를 특정하지 않아도 어디서나 들을 수 있고, 스스로도 그렇게 생각하는 말입니다. 근데 우습게도 서울에 책방은 계속해서 생기고 있고, 계속해서 망하고 있어요. 이게 맞나 싶기는 한데 주변에 또 서점이 하나 생겼습니다.
가끔 그런 생각은 해요.

'책방을 하고 싶은 것일까? 아니면 책방 주인을 하고 싶은 것일까?'

얼마 전에 같이 책을 쓰던 작가님에게 카페 인수 제의를 받은 적이 있습니다. 연희동쪽에 있는 카페였는데, 페이 받는 사장이지만 일이 그렇게 많지도 않고 어느 정도 자유권과 금액도 보장되어 있던 곳이었습니다.

그런데 빚 때문에 회사에 발이 묶여있어서 결국 벗어나지 못한 채 아쉬운 기회를 날릴 수밖에 없었죠. 그때를 돌이켜 생각해보면 저는 '**카페**'를 운영하기보다는 '**카페 주인**'이라는 타이틀이 더 마음에 들었던 것 같아요. 나중에 소개팅을 하게 되거나 다른 사람들을 만났을 때

"요즘 어떻게 지내?" 혹은
"어떤 일을 하세요?" 의 대답으로

"그냥 작은 카페 하나 운영하고 있어요"
라고 하면 진짜 간지날 것 같았거든요.

어느새 이 책을 포함해서 벌써 8권의 책을 썼습니다. 팔리는 책도 있고, 팔리지 않는 책도 있지만 그게 책의 요건은 아니잖아요?

주변 사람들도 이제 제가 책을 쓰고 있다는 사실을 모두 알고 있고, 다른 사람에게 소개할 때 회사원보다는 작가라는 직업을 먼저 이야기하고는 합니다.

이제 슬슬 리트시험을 준비해야지 생각하고 토익책도 사고, 원서 접수 날짜를 알아보면서 학점관리나 제대로 하자 다짐하면서 강의노트와 교수님 얼굴을 반복해가는 학생이지만요.

회사원, 작가, 학생, 출판사 대표 등등
지칭하는 무엇인가는 많지만, 아직은 저를 소개할 때 '**글을 정말 사랑하는**' 사람이라고 이야기하고 싶습니다.

유행하던 성격유형심리검사의 결과처럼 끊임없이 머릿속에서 무엇인가를 상상하고 생각하는 유형이라는데 그 무엇인가가 항상 글이었고, 글이었으면 좋겠어요. 몇 번의 연애경험으로 아직도 연애가 어려워서 너에게만은 진심일지 모르겠는데, 글에서만큼은 정말 진심이고 싶거든요.

생각해보니 연애소설은 벌써 2편이나 썼고, 나와야 할 연애소설은 3편이 남았네요. 아이 시팔 제가 연애를 5번도 못 해봤는데 책은 5권을 썼다는 게 미칠 것 같습니다.

우째도 이렇게 글을 사랑해서 또 책을 내고 있네요. 언제였던가 작가님들과 우연히 길게 이야기할 수 있는 시간을 가졌는데 다들 어떻게 글을 쓰는지 궁금해서 여쭤본 적이 있었어요.

초고를 정해서 쓰시는 작가님, 하나의 문장이나 단어에서 시작되어 한 편의 소설을 만드는 작가님, 특정 장소에 가서 떠오르는 영감을 담아 시로 만드는 작가님 등등 여러 유형이 있더라고요.

저의 경우는 **'옮겨적는다'**라는 표현을 쓰고는 합니다.
이전에 같이 일했던 과장님의 영향인지 머릿속에서 보통 **'수정1'**, **'최종의최종1'**을 만들어 놓은 상태에서 휴대폰이나 노트북에 그대로 옮겨적는 경우가 많거든요. 책은 언제 쓰냐고요? 사실 자동차 안에서 제일 많이 쓰는 것 같습니다. 출근할 때, 퇴근할 때 제 차 안에서는 불륜도 일어나고, 전쟁도 벌어지고, 주인공이 독백을 하면서 머리를 쥐어뜯어 모공에 피가 맺히기도 하거든요. 그때 떠오른 문장들을 모아서 다듬고, 결재를 맡고 아니 결재는 아니네요. 제가 원하는 방식으로 엮어서 노트북과 휴대폰에 옮겨적습니다.

덕분인지 '**글이 막힌다**'라는 경험은 겪어본 적이 크게 없는 것 같아요. 그저 '이렇게 할까?' 아니면 '저렇게 할까?'의 수준의 선택지일 뿐이죠. 제가 좋아하는 말인 '경우의 수'처럼 이것저것 주인공을 움직여보고 제일 재미있을 법한 이야기의 흐름대로 선택하니 딱히 막힌 적은 없었습니다.

그런데 가끔 이렇게 카페에 앉아있을 때면 그런 생각이 들어요.
못 쓰겠다는 건 아닌데 무엇을 써야 할지 모르겠는 때.

쓸 말이 없는가? 아니요
할 말이 없는가? 아니요
그전에 쓰던 원고는 끝났는가? 아니요
그럼 왜 무엇을 써야 할지 모르겠는가?

글쎄요. 언제였지, 글을 쓰는 게 무섭게 느껴지기 시작하면서 그런 것 같아요. 좋아하는 작가의 글을 읽다가 '**와 죽었다 깨어나도 이렇게는 못 쓰겠다**'였나, 아니면 진짜 별로인 글이 잘 팔리는 걸 보고 '**와 죽었다 깨어나도 이렇게는 안 쓰겠다**'라는 생각이 들 무렵이었나요. 욕심인지 열등감인지 알 수 없는, 아니면 알고 싶어하지 않는 그 무언가가 저와 제 글을 좀먹기 시작하면서 무서워진 것 같아요.

글은 '시' 아니면 '소설'이 진짜라며 '에세이'는 그저 그런 어린애들 일기라고 생각한 적도 솔직히 있습니다. 죽었다 깨어나도 떡볶이는 안 먹을거라고 생각했던 적도 있고요. 그런데 그런 글이 잘 팔리더라고요. 그건 좀 많이 부러웠습니다. 꽤 많이.

저도 제 글이 더 팔렸으면 했고, 유명해지고 싶고, 어떤 날은 '유퀴즈'에 나가는 상상을 하면서 제가 좋아하는 작가들 이름을 거론하고, 그 뒤에는 제 이름이 나오면서 나도 이제 그들과 같은 선상을 달리는 작가라는 뉘앙스에 말을 하고 있는 상상을 하고는 했어요. 아, 이건 좀 부끄럽네요.

여러 가지 상상을 하고 나니 글을 쓰는 게 무섭더라고요. 재미도 없어지고요. 할 말도 있고, 쓸 말도 있는데 팔릴 말은 없었습니다. 참 나름 평생을 좋든 싫든 글을 써대며 살았는데 팔릴 글이 없다는 건 많이 슬프더라고요. 누군가를 움직이는 글도 좋고, 울리는 글도 좋지만 뭐 팔려야 울리고 움직이는데 팔리지를 않으니 글이 안 써지기 시작했습니다. 사실 바쁜 것도 조금 있었고, 몇 권을 내도 책이 팔리지 않으니 삐진 것도 조금 있었고요. 흥!

쓰는 게 재미가 없으니 글이 나오겠습니까? 글도 못 쓰겠고, 재미도 없고, 다른 사람 글을 욕심과 열등감에 찍어 먹으면서 수개월을 보냈죠. 그러다가 으레 모든 소설과 영화가 그렇듯 문득 책을 써야 하는 이유를 깨닫게 되었습니다.

'그냥 제가 재미있어서요.'

첫 소설이 나올 때처럼, 처음 공저로 책을 만들던 그 설렘처럼 그냥 제가 재미있어서요.

언제부터인가 굳이 찾으려 했던 문학의 가치와 글의 소중함, 이 글이 사람들에게 미치는 영향과 국민소득의 관계, 내가 그린 기린 그림과 저작권의 상관관계나 그런 것들 다 집어치우고 그냥 제가 재미있어서요.

출판사도 제가 재미있어서 만들었고, 책도 제가 재미있어서 썼거든요.
독자들, 지인들, 정말 얼굴도 이름도 모르는 사람들이 제 책을 읽고 웃고 떠들고 기뻐해 주면 너무 좋겠지만, 그전에 제가 먼저 재미있었으면 좋겠어요. 제가 먼저 행복하고, 기쁘고 그런 책. 아무리 그래도 그렇지. 제가 만든 책이라지만 한 페이지를 넘길 때마다 제가 먼저 웃을 수 있는 책. 그런 책이요.

너무 큰 뜻을 품게 되고, 큰 숲을 보고 있으니 정작 제 자신을 돌아보지 못해서 재미없는 세월을 보낸 게 아닐까 후회가 되고는 했는데, 이 책을 쓰면서 많이 해소되었습니다.

좋아하는 웹툰의 대사처럼 저의 본질은 제 기능과 능력이 아닌 생각, 사상, 가치관, 그리고 기억들 덕분에 저라는 본질이 독창적인 존재가 되어가고 있거든요.

앞에서 혼자 웃어놓겠다고 이야기해놓고서는 당신께 웃어 달라하는 욕심쟁이지만, 그래도 한 번쯤은 웃었으면 좋겠어요. 당신도.
어이가 없어서라도, 나도 그래서라도, 아니면 그 이유가 없어서라도요.

아 그래도 책 제목은 나름 마케팅 아닌 마케팅으로 고민 좀 했습니다.
검색해보니까 아직 이런 제목의 책이 없기도 하고, 오마주도 되고 뭐 여러 가지 요소가 있더라고요. 그래서 성향상 책의 부제를 붙이자면 아마도 이 책의 키미노 나마에와

[장르는 에세이로 하겠습니다. 근데 이제 드립을 곁들인]

1. 드립이란 무엇인가

'드립'. 인터넷 및 실생활에서 사용되는 언어 중 하나로 애드리브(ad lib)의 줄임말로 사용되는 말입니다. 대해적시대 아니 대인터넷시대를 살고 있는 요즘 것들은 하루에도 수많은 드립을 마주치고는 합니다. 우리는 이 책을 통해서 드립의 어원과 여러 가지 설(說)들 좋은 드립과 나쁜 드립을 구분할 수 있는 능력과 현재도 진화하고 있는 '밈(meme)'에 대해 알아보겠습니다. 구라입니다. 그냥 되지도 않는 농담을 담은 에세이입니다. 아직 늦지 않았으니 구매를 망설이고 계신다면 지금 내려놓으세요.

2. 개드립과 섹드립 그리고 잠깐 네? 무슨 드립이요?

요즘 애들 아니, 아니 저 같은 경우에는 보통 '드립'을 접미사 형태로 사용하여 앞 글자에 개 또는 섹을 붙이며 사용하고는 합니다. 저였으면 짱이나 캡을 붙였을 텐데 너무 트렌디하지 못하네요. 어쨌든 이렇게 드립은 여러 상황, 어디에서도 사용이 가능합니다.

그렇다면 이렇게 자주 사용되는 드립은 어디서 나온 것일까요? 여러분들이 가장 자주 사용하시는 인터넷 전자사전 꺼라위키와 함께 알아보겠습니다.

https://namu.wiki/w/%EB%93%9C%EB%A6%BD

위 사이트에 들어가시면 드립의 어원부터 파생까지 수많은 정보를 확인하실 수 있습니다.

야 나무위키 꺼라

3. 그건 아마 우리 잘못은 아닐 거야

다 네 잘못일 거야

4. BGM(Bae Gyung Music)의 중요성

드라마나 영화를 더욱 돋보이게 하는 요소 중 하나로 OST를 빼놓을 수 없습니다. 그만큼 배경은 현재의 분위기를 업(up)시켜주는 게 중요한데, 드립에도 이런 배경이 중요합니다.

여러분이 만약 드립을 쳐야 하는 상황에 놓인다면 그 배경에 걸맞은 드립을 선택하는 것이 매우 중요합니다. 종종 이런 분위기를 파악하지 못해 나오는 드립이 '패드립'과 '고인드립' 등입니다. 분위기를 파악하기 위해서는 우선 얼굴이 잘생겨야 하는데, 저는 잘 생기지 않아서 잘 모르겠으니 주변에 잘생기신 분에게 물어보시는 것을 추천드립니다.

흔히 '섹드립'을 분위기에 걸맞지 않게 사용해서 구치소에 잡혀가시는 분이 계신데 섹드립은 분위기와 상관없습니다. 섹드립이 가장 잘 먹히려면 얼굴이 잘생겨야 합니다. 그렇습니다. 방금 전에 말씀드렸죠?

드립 성공률 = 얼굴의 이목구비

5. 젓가락질 잘해야만 밥을 먹나요

젓가락질 잘해야 밥을 먹을 수 있습니다. 식탁에서의 예의범절은 한국사회에서 매우 중요하게 생각하는 예절입니다. 아무리 본인 개성이 강한 시대라지만 앞에서 밥 먹는데 젓가락 개떡같이 쥐고 밥 먹으면 밥맛이 뚝 떨어집니다.

자 여러분. 상상해보세요 한번.
젓가락질도 잘하고 댄디하고 센스 있고 돈 많고 여자의 마음을 잘 헤아려주고 눈웃음이 아름다운 이보람과 돈 없고 개념 없고 싸가지 없고 폭력적인데다가 젓가락질도 못하는 차은우 중에 둘 중 하나 고르라면
난 차은우

6. 너도나도 우울증 에세이를 쓰길래

"왜 이런 이야기를 시작하게 되신 겁니까? 복수라든가 재미를 위해서라든가 뭔가 이유가 있을 거 아니에요?"

"복수? 재미? 그런 것은 난 상관없소, 하지만 독자양반 빌어먹을 내 책이 안 팔린다 말이오?

난 돈이 좋아요?"

아니 뭔 너도나도 우울증 에세이만 써대길래 저도 써보려고 했는데 시방 그게 너무 우울해져서 쓰지를 못하겠더라고요. 그래서 우울증 극복에세이라도 써야겠다 싶어서 트렌드를 [자살해서 다시 부활한 남자] 이렇게 잡고 시놉시스를 짰는데 아니 죽었는데 부활이 안 되는 거예요. 결국 그렇게 에세이를 접고 이런 글이나 쓰게 된 거죠.

7. 눈이 좋아. 많이 맞아봐서 어디를 때려야 되는지 알아.

드립도 쳐본 놈이 친다고 자주 연습을 해야 합니다. 행복근육이라는 말 아시나요? 행복도 근육처럼 꾸준히 연습해야 늘어난다는 말입니다. 일단 저는 모르겠는데 유튜브에서 그러길래 그냥 있어 보여서 한 말이니까 태클 걸지 마세요.

드립을 연습하려면 가장 좋은 것은 '현실친구'와 만나서 '현실대화'를 하는 것입니다. 많은 분들이 착각하시는 것 중 하나가 인터넷에 뻘글을 썼을 때 사람들의 반응이 좋으면 모두가 좋아한다고 착각해 그 말을 그대로 현실에 내뱉는 경우인데, 이럴 경우 90% 확률로 현실과 동떨어지게 될 확률이 높습니다.

그러니 드립을 연습하기 전에 세수하고 면도부터 하시고 밖에 나가서 운동을 좀 하세요. 드립에 앞서 가장 중요한 것은 마인드입니다. 아 잠깐 페이지 부족하다 다음 페이지에 이어서 할게요.

8. S 랑 M 중에서 저는 S 요.

'위플래시'라는 영화를 보신 분 손 한번 들어보세요. 별로 없네요. 명작이니 꼭 보세요. 위플래시는 채찍질이라는 뜻인데, 저는 S 랑 M 중에 굳이 나누자면 S 쪽입니다. 위플래시는 영어 단어 그대로 개봉했는데 한국말로 번역하면 '교수님이랑_같이_욕하면서.avi' 쯤이 되겠네요. 저급한 드립이다.

부끄러워하지 마시고 영화를 보면 대머리 교수가 나옵니다. 드디어 대머리가 어울리는 또 하나의 위대한 인물이 탄생했습니다. '제이슨 스타뎀', '빈 디젤', '더 락쇼' 이후로 오랜만이네요. 위 교수는 욕에 관해서는 정말 가히 '프로페셔널'이라는 단어가 어울리는 사람으로 욕을 하기 위해서 갖추어야 할 모든 조건을 갖고 있습니다.

1) 패드립을 친 후 부끄러워하지 않는 파렴치함
2) 언제 어디서나 상황에 맞는 욕을 하기 위한 지식
3) 지지자 불여호지자 호지자불여락지자

이런 조건들이 완성되어 그는 욕을 즐기는 자가 된 것인데요. 드립도 이와 같습니다. 먼저 드립을 잘 치기 위해서는 드립을 치고 난 이후에도 부끄러워하지 않는 자세가 중요합니다. 앞 장에서 설명 드렸듯이 여러분 얼굴이 만약 오징어게임이라서 무궁화 꽃이 당신을 보고 피었다가 바로 져버렸으면 더 뼈 빠지는 노력을 해야 합니다. 드립이 실패했다? 살을 빼든가,

드립을 더 연습하십시오!

하지만 무엇보다 중요한 건 드립을 언제 어디서 어떻게 쳐야 하는지 알 수 있는 눈치입니다. 그렇습니다. 이미 당신이라면 눈치채셨겠지만 그럴 눈치가 있었으면 이 책을 사지도 않았겠죠. 하지만 여기까지 읽으신 걸 보니 이미 구매(강매)하신 후 같은데 이미 늦었습니다.

들어올 때는 마음대로였지만 나갈 때는 아니란다.

9. 굿즈

사실 이 책을 만들면서 굿즈를 하나 준비했었습니다. 저는 사용을 안 하고 다른 사람들이 사용하던데 휴대폰 뒤에 붙여서 손으로 이리저리 만지면 갑자기 쑥-하고 커지는 액세서리입니다. 그러다 본인의 할 일을 다 하면 다시 줄어드는데요, 키웠다가 줄어들었다가 마음대로 할 수 있는 상품이네요.

더욱 놀라운 것은 이것을 사람들이 신체에 끼어 사용을 한다는 것입니다. 겉에는 비닐재질로 상처가 나지 않게 덧대기도 하는데 아 잠깐 이거 이름이

아 찾았습니다. '그립톡'이라고 부르는 거네요.
혹시 이상한 상상을 하셨다면 그건 그거대로 좋네요.

10. 우울증의 원인

얼마 전에 죽고 싶지만, 로제 배떡은 먹고 싶어라는 책을 읽었습니다. 저는 떡볶이를 싫어해서 소주를 먹고 싶네요. 수많은 사람들이 우울증에 무너지고, 가슴 아파하는 모습을 보면서 저도 가슴이 미어지기 시작했습니다. 그리고 저의 우울증의 원인을 찾기 시작했죠.

찾았습니다. 돈이었습니다.

결국 저는 평생 우울해지고 말았습니다.

11. 이 책은 무슨 책인가?

사실 이 책은 제목처럼 드립에 관한 내용입니다. 상관없다고 방금 생각하신 분이 계실 텐데 삐빅- 정상입니다. 제가 인터넷 커뮤니티, 웹사이트나 SNS를 하지는 않지만 하는 일이 그런 사람들 상대하는 일이라 저도 모르게 이상한 밈과 드립과 단어들을 알게 되고 말았습니다.

그중에 충격적인 단어가 있었는데 혹시 '초대남'이라는 단어 아세요? 제가 이혼 사건을 처음 맡았을 때 알게 된 단어인데 저는 처음에 초대남이 진짜 말 그대로 무슨 신혼집에 초대받아서 같이 노는 남자인 줄 알았습니다. 반은 맞고 반은 틀렸는데, 일단 신혼집에 초대받아서 놀러 오는 건 맞는데 남편 없이 부인이 초대해서 둘이서 놀더라고요. 적지 않은 충격이었습니다.

이렇게 어이없는 드립과 이상한 밈으로 약 190페이지가 넘는 글이 쓰여 있는 책. 만약 당신이 힘들고 지쳐 낙망하고 넘어져 일어날 힘 전혀 없을 때 조용히 다가와 손잡아 주고 건네줄 책. '드립의 정석'입니다.

12. 유명해지면 똥을 싸도 박수를 쳐준다.

틀렸습니다. 유명해지면 개털립니다. 그래서 제가 이 책에 제 개인정보를 많이 적지 않으려고 노력하는 겁니다. 제가 1992년 출생인 걸 알아봤자 중요하지 않기 때문이죠. 나이는 서른이지만 마음만은 이미 여든입니다. 벌써 증손주 보고 있을 나이죠.

저는 사랑에 쉽게 빠지고는 합니다. 지금 이 글을 쓰고 있는 카페에서도 제 옆자리에 앉은 분과 저는 사랑에 빠졌습니다. 그리고 달콤한 사랑의 이야기를 써가고 있는데 아 나갔네.

이렇게 저는 차였습니다. 여러분이 사랑을 고민하고 생각하며 주저하고 있는 사이에 저는 이미 이혼서류에 도장을 찍고 있을 겁니다. 고민하지 마시고 사랑하고 유명해지세요.

13. 오늘 저녁 먹으면서 너한테 고백할 건데 어떻게 고백해줄까?

안아주세요.

14. 두 줄 문학 수상작

　　　저 임신인 것 같아요.
형.

15. 3가지.

출판 시장에 몸을 담고 있는 사람인 만큼 이 바닥에서는 중요한 것이 3가지가 있습니다. **'작가의 얼굴'**, **'표지'**, **'이빨을 얼마나 잘 터는가?'** 이렇게죠. 필력? 집어치우세요. 문학은 망했습니다. 당신이 등단 해서 세상에 길이 남을 문학을 써도 팔리지 않는 책에 불가하고 사람들은 그 책을 읽고 네이버 블로그에

'근데 저는 많이 어려운 것 같았어요ㅎㅎ'
  ㄴ 비밀댓글입니다.

이런 글만 주구장창 쓸 게 뻔합니다. 출판시장에서 중요한 첫 번째. 바로 **작가의 얼굴**입니다. 그래서 일단 우리 출판사는 망하기는 했는데, 예외로 이야기해 드릴게요. 더 이상 작가는 집에서 글만 쓰는 사람이 아닙니다. 한 명의 창작자이자 엔터테이너죠. 가끔은 책방에 나가서 사람들하고 책과 관련된 북 토크도 열어야 하고 작가들 모임에 나가서 친절한 척 미소를 지어주면서 유부남인 걸 속인 채로 몰래 반지를 빼는 기술도 갖고 있어야 합니다.

글을 읽는 시대는 지났습니다. 이제는 얼굴이 팔리는 시대죠.

두 번째로 중요한 건 역시 **표지**입니다. 최근 델파이 기법 분석에 따르면 기성출판이라 불리는 투고 형식으로 진행되는 출판의 경우 일러스트를 이용한 표지와 함께 **'광희, 두 번씩이나 거지같은 섬에 버려져도 괜찮아.'** 라는 제목이나 **'곰돌이 푸, 네가 좋으면 나도 좋아 넌 장난이라 해도'** 같은 제목으로 뭇사람들의 시선을 사로잡게 하죠.

물론 마케팅 그리고 출판사가 운영되기 위해서는 반드시 필요한 것이 책 판매 대금이기 때문에 이해는 합니다만 막상 내가 인세 따지고 출판사 운영해보니까 아니더라 얘들아. 계약할 때 무조건 인세 많이 주는 데로 가.

그리고 제일 중요한 것은 **이빨**이죠.
필력이요? 제가 집어치우라 했죠. 만약 당신이 잘생기고 표지가 예쁜 책의 작가라면 다음 책 원고 고민은 멀리 던지고 이빨 털 준비를 하세요. 북토크나 방송에 나가서 이빨 한 번만 잘 털면 후속작도 알아서 잘 팔립니다.

이렇게 출판시장에서 중요한 3가지에 대해서 알아봤습니다. 작가를 꿈꾸시는 분이 계셨다면 참고해주세요.

16. 추천사

'한 편의 공포영화 같은 책이다'
- 크리스토퍼 존나 놀란 감독 -

17. 행복 좀 가불할게요.

누군가에게는 웃길 수도, 피식할 수도, 이미 이 책을 덮을 수도 있는 글들만 넣었지만 사실 저는 많이 행복합니다. 어떤 제약도 없이 제가 쓰고 싶은 글만 담았기 때문입니다. 어떻게 보면 제 미래의 행복을 가불 받아서 쓰고 있는 것 같아요.

아무 의미도 없지만, 그냥 읽어주기만 하는 당신에게 감사하다는 인사를 전해주고 싶습니다.

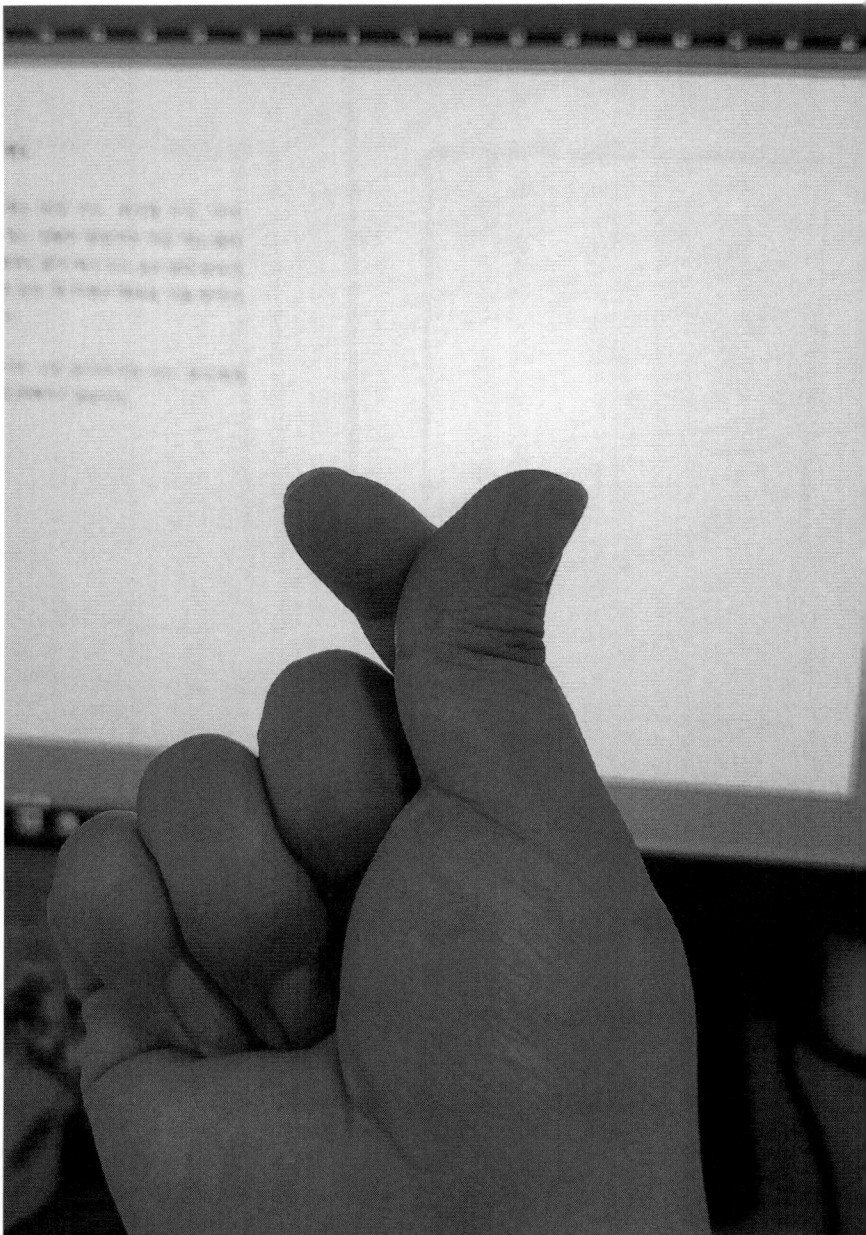

18. 드립의 서포터

게임을 안 해서 모르겠지만 '롤'이라는 유명한 게임을 보면 각자의 포지션이 있습니다. '탑 / 지드래곤 / 미드 / 부모님 안부 묻는 사람 / 서포터' 이렇게 5개의 포지션이 있습니다. 이 중 가장 중요한 사람이 누군지는 모르겠지만 착하고 인내심 많은 사람은 서포터라는 글을 읽은 적이 있습니다. 말 그대로 어디서든 본인을 필요로 하는 곳에 나타나 적절하게 도와주는 사람인데요.

드립을 치는 우리에게도 이런 서포터가 필요합니다. 바로 잘 웃어주는 사람인데요, 예전에 저에게도 그런 사람이 있었습니다. J라고 부를게요. 제가 무슨 말을 해도 잘 웃어 주는 연인이었죠. 지금은 비록 다른 남자 곁에 있지만 늘 그녀가 행복하기를 바라고 있습니다.

서포터가 중요한 이유는 드립을 치는 당신에게 힘이 되는 요소이기 때문입니다. 일단 모임을 가면 눈이 다른 사람보다 조금 더 작고 길게 찢어진 사람을 찾으세요. 동양인 비하 아닙니다. 관상학적으로 그런 사람이 잘 웃어주기 때문입니다. 그리고 드립을 칠 때 그 사람의 눈을 보면서 이야기해주세요. 'J야 보고 싶다' 라고요.

사실 드립을 치는 것만큼 서포터도 굉장히 힘이 듭니다. 웃기지도 않은데 본인 성격상 잘 웃는 편이기도 하고 착해서 민망할까 봐 웃어주는 경우가 100%인 것 같기도 한데, 웃는 게 중요합니다.

여러분도 드립을 연습하기 전에 다른 사람의 드립에 먼저 웃어보는 연습을 해보세요. 얼마나 괴롭고 힘든 일인지 깨닫게 됩니다. 누군가를 도와주고 웃어준다는 것은 매우 감동적인 일이에요. 롤에서는 서포터로 누가 유명한지 모르지만 사실 서포터로 가장 유명한 사람은 바로 브람스 옆에 있던 요제프입니다.

'브람스에게 요제프나 코셀이 있었던 것처럼, 역사에 이름을 남긴 음악가에게는 재능만이 아니라 사람과의 소중한 만남도 있었죠. 저도 그런 사람 중 하나가 되고 싶습니다'
- 노다메 칸타빌레 -

19. 예의 바르게 거절하는 여사친 말투_실화

아 정말?ㅎㅎ 근데 나 시간이 안돼서ㅠㅠ
친구들이랑 재미있게 봐!

20. (사진)

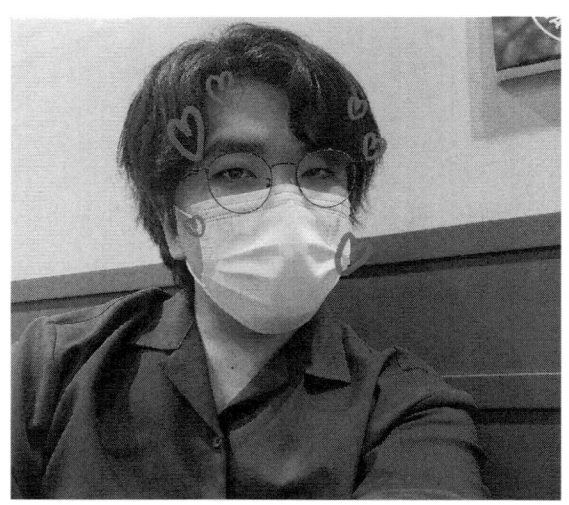

그냥 넣어보고 싶었다.

... 여름이었다.

21. 인생이 왜 슬픈지 알아?

어차피 나는 아닌 걸 알기 때문이야.

22. 평내호평 아파트 어디까지 오를 것인가.

평내호평 집값 상승 요건.
(1) GTX-B노선, (2) 센트럴 N49, (3) 나의 결혼

벌써 매매가가 2억원이 넘었습니다.
그래서 급하게 이 시점에서 갭투자해야겠다 마음먹고 막 신용대출부터 다 알아보고 있으면서 아파트 3군데를 점했는데 임장하려 하니까 코로나가 심해져서 가지를 못하고 있었는데 수틀리면 방호복 입고서라도 갈 생각입니다.

지금 막 빚내서라도 부동산 사야 한다고 으른들이 이야기하고 다니는데 으른들 말씀 틀린 거 하나도 없습니다. 지금 돈 모아서 집 산다? 못 사요 여러분. 지금 대출 거치기간 두고 이자 갚다가 연 단위로 갱신하면서 나중에 차익 낸다? 이게 정답입니다.

벌써 차익으로 3억 남기는 현실이 눈앞에 보이네요. 이야 차도 바꾸고 집도 다시 구하고 애들 학교 보내고 학원에 집 대출에 뭐여 시벌 또 빚이네

그런즉 믿음소망사랑 이 세 가지는 항상 있을 지언데 그 중 제일은 부동산

23. 아코! 내 실수.

얼마 전 음악방송에서 꽤나 인기 있는 프로그램인 '길거리여자 애들싸움' 프로그램을 봤습니다. 제가 너무 좋아하는 모니카님도 나오고 다른 댄서분들도 많이 나오는 프로그램입니다. 음악방송 특성상 어쩔 수 없는 악마의 편집과 어쩔 수 없는 몇 가지 논란이 일기도 했지만 그래도 꽤 재미있게 보았고 아직까지도 화제성이 남아있을 만큼 뜨겁고 핫한 프로그램이었습니다.

프로그램 중 '립제이'라는 댄서분이 나오시는데 그분의 왁킹댄스 영상 중 발이 미끄러져 쓰러질 뻔한 상황을 그대로 춤으로 이어서 멋지게 춤을 춘 영상이 있습니다. 잠깐만요 링크 드릴게요.

https://youtu.be/vJ4kmyZu35k

춤도 너무 잘 추시지만 저는 립제이님의 마음을 더 배우고 싶었어요. 사실 누구나 실수를 할 수 있어요. 단지 그 실수에 머물러 있을 것인가, 극복하고 나아갈 것인가의 차이인데 립제이님은 그 실수조차 실수가 아니게 만들어버리는 마음을 가지고 계신 것 같아서 너무 부럽고 존경스럽더라고요.

드립도 마찬가지입니다. 가끔 상황에 맞지 않는 드립을 쳐서 무안해지고 분위기가 싸해질 때가 있을 거예요. 물론 당연히 니 잘못이겠지만 거기에 기죽지 않고 더 센스 있는 드립을 칠 수 있게 그런 실수를 극복하고 나아가는 것이 더 중요합니다.

요즘은 통 못 치고 있지만 예전에 '잘생기고 피아노 치는 남자'가 되고 싶어서 열심히 운동도 하고 피아노도 배우다가 결국 흐지부지해져서 '애매하게 생겼는데 피아노도 애매하게 치는 놈'이 되어버습니다. 지금도 가끔 연주를 하다보면 실수가 중간 중간 나오게 됩니다. 근데 그 실수는 저뿐만 아니라 가르쳐주시는 레슨 선생님도 똑같이 실수를 하실 때가 있어요. 단지 선생님은 그 실수를 독특한 하나의 다른 음으로 만들어서 넘어 가시는 겁니다. 순발력 개쩐다 진짜.

우리 인생도 그랬으면 좋겠어요. 실수가 나오더라도 그냥 하나의 색다른 소리로 듣고 넘어갈 수 있는 그런 인생.

24. 인생은 멀리서 보면 희극, 가까이서 보면 비극이지만

이 책은 읽어준 당신에게는 정말 성은이 망극

25. 시내주행 시속 50km의 가장 큰 문제점

시속 50km 제한이라 차가 늦게 감
→ 널 데리러 못 감
→ 헤어짐
→ 연애를 못 함
→ 결혼도 못 함
→ 인구 감소
→ 지구 멸망

하루 빨리 시내주행 제한속도가 다시 풀리기를 바라고 있습니다.

26. 이건 진짜 뭐하는 새끼냐

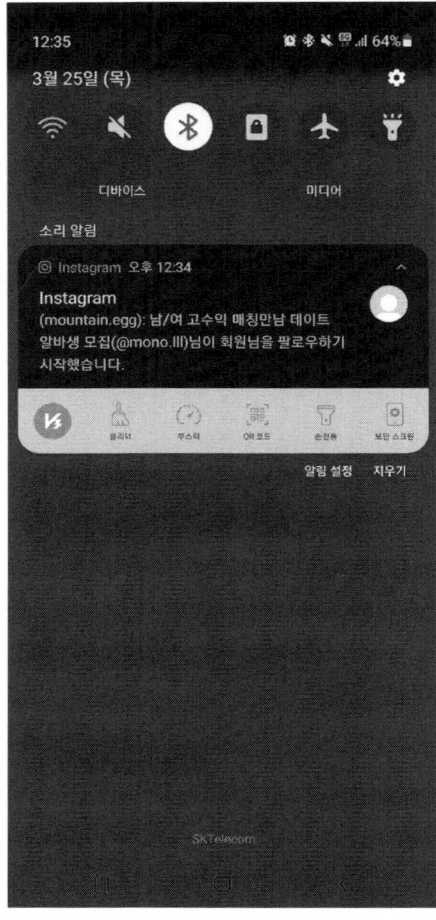

27. 시간이 너무 빠르게 지나가는 게 아쉬울 때는

플랭크를 하면 된다.

28. 갬성드립 한 편

"오빠는 왜 이렇게 안 취해요?"
라는 너의 물음에 답을 하면.

나는 술에 취하지 않고 너에게 취했다.
그러니까 정확하게 이야기하면 네가 이미 번진 마스카라가 부끄럽다며 화장실을 2번 정도 갔었을 때,
그때 이미 난 취했다.

그 작은방 안에서 둘이 같이 밤바다에 별과 달의 수를 세볼 때, 난 우울한 기시감을 떨쳐내고 정말 신이 된 듯한 느낌을 받으면서 다시 취했다.

언젠가 네가 읽던 책의 주인공이 나인가 하고 착각이 들었을 때 다시 취할 뻔하다가 네가 나 아닌 다른 사람의 페이지를 넘기고 그 사람을 읽는 걸 보고 정말로 취했다.

내가 왜 이렇게 안 취하냐는 물음과 함께 새근새근 조는 너를 보며.
술 한 잔 못 마시게 하고 싶은 내 마음과 달리 너와 평생을 함께 마시고 싶은 나를 보며. 결국 이렇게 술친구라도 되고 싶어, 늦은 시간 짧아진 달과 길어진 태양을 등지고 한 잔 기울이는 우리를 보며,

난 또 너한테 취할까?

29. 설렘 주의보

어떠셨나요. 드립으로도 이렇게 설레는 마음을 만들 수 있습니다. 크. 좋다. 앞으로 저렇게 사람의 마음을 흔드는 드립을 저는 '설렘드립'이라 칭하겠습니다. 앞서 말씀드렸듯이 좋은 드립과 나쁜 드립은 드립을 치는 사람의 얼굴 모양새로 나눠지는 경우가 있지만 로또의 확률로 얼굴 모양새가 빠개졌는데도 드립이 먹히는 경우가 있습니다.

우리는 이런 현상을 '게슈탈트 붕괴현상'이라 칭합니다. 하도 잘생긴 것들만 보다 보니 가끔은 못생긴 것을 봐도 잘생겨 보이는 위험한 상태죠. 백날 차은우만 보다가 아니 잠깐 백일을 봐도 질리지가 않는데 어쩌지 은우야?

이렇게 생각하시면 됩니다. 매번 한우만 먹다가 오늘은 돼지고기를 먹어야겠다는 느낌. 그 느낌입니다. 이렇게 설렘드립이 먹히게 되면 자신도 모르게 사랑에 빠지게 되는 사람이 간혹 있습니다. 아름다운 사랑을 나누고 혼인신고하고 둘 중 한 명만 닮은 아이를 낳고 세금을 내는 그런 상상을 하고 계신가요?

그런 상상을 할 때 조심하세요.
결혼은 미친 짓입니다.

30. 결혼은 하면 좋지만,

안 하면 더욱 좋다.

31. 자기소개서

지원동기 및 포부

재작년에 개소세 할인이 끝나는 기념으로 K5 DL3 1.6터보를 계약했습니다. 덕분에 타노스가 등장하면서 제 월급의 반을 날리기 시작했죠. 텅 빈 지갑 속 잠든 네가 찾아와 아무리 돌려막아도 결국 마이너스인 걸 깨달은 저는 돈이 필요하다는 걸 절실하게 느꼈습니다. 특히 현찰이요. 채권이고 나발이고 다 필요 없고 현찰이 최고입니다. 뭐든지 잘할 자신 있습니다. 돈만 주신다면. 사실 돈만 주면 뭘 못하겠습니까, 벌레잡기? 벌레 먹을 수도 있습니다. 시키는 건 정말 잘하지만 시키지 않는 건 그거보다 더 잘하고 시킨 거를 안 하는 건 더 잘합니다.

32. 거울 속의 내 모습은 텅 빈 것처럼

광어회

근데 사진은 연어회

33. 작은 별이지만 빛나고 있어.

엄밀하게 따지면 작은 별은 아닙니다. 별이 반짝일 때 그 빛을 저희가 보기까지 꽤 시간이 걸린다는 것. 여러분 알고 계셨나요? 제가 사칙연산도 헷갈려 하는 문과생이라 자세히는 모르지만, 유사과학 소개 프로그램에서 분명히 본 기억이 있습니다.

드리퍼(이하 '드립을 치는 사람')들이 가장 조심해야 할 사항 중 하나가 바로 '진지병'입니다. 본인이 겪지 않도록 조심해야 하지만 더 주의해야 하는 건 드립의 대상이 진지병이 걸려있는 상태인지 아닌지 확인하는 것입니다. 진짜 주옥 될 수도 있습니다.

진지병에 걸린 사람들은 대부분 '중2병'과 '모두불만족'병을 같이 앓고 있는 경우가 많기 때문에 여러분이 하는 드립에 사사건건 시비를 걸 수 있습니다.

안타까운 건 현실에서도 이 병으로 앓고 있는 사람이 많다는 것입니다. 무슨 말만 해도 불만을 표하고, 또 뭐냐 크큭 내 안의 흑염룡이 날뛰고 있고, 나만 불편해? 이러고. 여러분 세상은 넓고 마음도 넓습니다. 넓지 않은 건 제 방 평수뿐입니다.

마음을 넓게 가지고 사람들을 사랑하는 마음을 가지세요. 진지한 거 **좋죠**. 하지만 진지함이 필요 없을 때는 유연하게 넘어갈 수 있는 사고가 더 중요합니다.

34. 결혼식 축사

　　　세상에서 가장 예쁜 꽃을 안은 너에게

오늘 세상에서 가장 예쁜 꽃을 안게 된 너에게 몇 글자 적어 보낸다. 한 치 앞을 알 수 없는 세상이기에 네가 기억해야 할 문장만 담기를 바란다.

우리가 같이 다니던 인천바다의 짠내와 임진강의 비린내가 아직도 코에 맴도는데 너는 어느새 결혼이라는 선택을 하게 됐구나. 오늘 아름답다는 표현이 부족할 만큼 아름다운 너의 신부님을 보니, 네가 입에 침이 마르도록 칭찬했던 신부님을 보니, 딱 한 가지 생각이 들었다.

'존나 부럽다'

연애소설을 몇 편째 쓰고 있지만, 아직도 연애가 어렵고 하지 못하고 있는 나에게 너의 선택이 얼마나 큰 결심이고 축복인지 내 소설 속 주인공들이 더 뼈저리게 느끼고 있겠지 아마. 그래도 늘 마무리 짓지 못하는 결말을 아쉬워하면서 적어내듯, 그리고 다시 새로운 소설을 써내려가듯이, 너의 결혼이 끝이 아닌 행복의 다른 시작이라는 걸 네가 더 잘 알지 않을까 싶다.

사실 너에게 '도망쳐!' 라고 말하고 싶었지만, 신부님의 얼굴을 보니 절대 도망치지 말고 빌면서 살라고 이야기해주고 싶어진다. 그래도 몇 마디 덧붙여 이야기하겠다.

첫째. 부부싸움은 칼로 물 베기라고 하지만 그것은 옛이야기이고 앞으로 네 주변에서는 현대사회의 이슈와 더불어 네가 살아가면서 불필요한 이야기를 많이 듣게 될 거다. 그러니 네가 취해야 할 선택을 딱 하나 말해준다.
'네 잘못이다.'
그래, 다 네 잘못이다. 아니 그게 아니라 다 네 잘못이다.
네가 화를 낼 수 있는 합당한 이유가 있다면
네 잘못이다.
정말 만약에 이유 없이 신부님이 너에게 짜증을 내고 화를 낸다면
네 잘못이다.
그렇다. 신부님을 이유 없이 화나고 짜증 나게 만든 너의 잘못이다.
사실 너의 편을 들어주고 싶었지만 잠시 옆을 봐라.
알겠지? 네 잘못이다.

둘째. 행복해지는 선택과 권리는 너와 신부님 둘에게 있다.
벌써 몇 건의 사건을 처리하고 뉴스에 나오는 이야기를 들을 때마다 드는 생각이 있다.
'아니 시벌 쟤도 결혼하는데 왜 내가 못 할까?'
너는 절대 '쟤'가 되어서는 안 된다.
이혼 소장과 서면을 보게 되면 모두 그럴싸한 이유가 있고 사랑에는 죄가 없으며 씹새끼는 진짜 처음부터 끝까지 씹새끼인데 결국 그걸 못 알아본 사람이 피를 보더라. '모두 그럴싸한 계획이 있었다. 처맞기 전까지는' 이라는 명언처럼 모두 그럴싸하게 사랑을 하고 있더라, 그 끝에 다가가기 전까지는. 오늘 가장 행복할 너에게 이런 이야기를 꺼내는 게 어쩌면 조심스럽지만, 수학의 공식은 알지 못하지만 그나마 줄기차게 써먹는 언어의 공식처럼 조심스럽지만 이야기한다.

나 또한 소설에서는 그럴싸한 사랑을 하고 있다. 내 소설 속 주인공들과 사랑에 빠지고 설레기도 하고, 질리기도 해서 버리기도 한다.

앞으로 넌 수많은 선택의 기로에 서게 될 텐데, 지금부터는 혼자가 아닌 너의 신부님과 둘이 있다는 것. 누군가는 그 이유로 위험하다며 도망치지만, 너는 그 위험을 감수하고, 그리고 같이 헤쳐 나갈 사람이라는 걸 너무 잘 알고 있다.

내가 잘 알지 못했다면 잘 알게 해봐라. 너는 충분히 그럴 수 있으니까.
네가 알아야 할 것은 지름길이 아닌 험한 길을 헤쳐 나가야 하는 방법이다.
그 방법을 너와 신부님이 잘 선택해 나가기를 바란다.
행복해지는 권리는 누구에게나 있고, 너와 신부님 또한 마찬가지니까.

영환아, 아직 해줄 이야기가 많지만 나와 나눌 이야기보다는 앞으로 신부님과 나눌 이야기가 네 삶을 더 달콤하고 행복해하게 만드는 이야기였으면 좋겠다. 우리는 우리만의 시간이 있으니, 너와 신부님의 시간을 크게 방해하지는 않을게. 사실 이미 방해했지롱

결혼 축하한다. 정말 축하해.
우리가 군인일 때 너에게 명령할 권리가 나에게 있었으면 이렇게 이야기했겠지.
'행복해라'
하지만 우리에게 그런 권리는 너무 재미없었고, 그렇기 때문에 아직도 우리가 연락하는게 아닐까? 그러니 너에게 마지막 한 문장을 보낸다.
'행복해'

오늘 세상에서 가장 예쁜 꽃을 안은 너에게
그 꽃이 시들 때도 함께 있기를 바라며.

35. 연애의 결론

연애의 결론은 섹스가 아니지만, 섹스가 연애의 끝이 될 수 있습니다. 항상 조심하십시오.

36. 아기돼지 삼형제

옛날 옛날 아주 먼 옛날. 아기 돼지 삼형제가 살고 있었어요. 다 자란 돼지들은 독립해서 각자 집을 지었는데, 서울 땅값이 너무 비싸서 지방으로 내려갔습니다. 첫째 돼지는 짚으로 집을 지었고, 둘째 돼지는 나무로, 그리고 마지막으로 셋째 돼지는 벽돌로 집을 지었습니다.

집을 다 짓고 행복하게 살고 있던 그때! 부동산 개혁이 일어났습니다. 알고 보니 서울만 집값이 오를 줄 알았는데 지방에도 집값이 오르기 시작한 거예요. 현명한 돼지새끼들은 미리 등기와 전세권 설정을 맞춰놓았기 때문에 평균보다 훨씬 오른 집값으로 시세차익을 내서 이사가려했지만 안타깝게도 서울의 집값은 그것보다 더 올라서 이사 가지 못한 채 홈리스가 되었답니다.

끄-읕.

37. 나를 죽이지 못하는 고통은

진짜 존나 아프지 않을까.

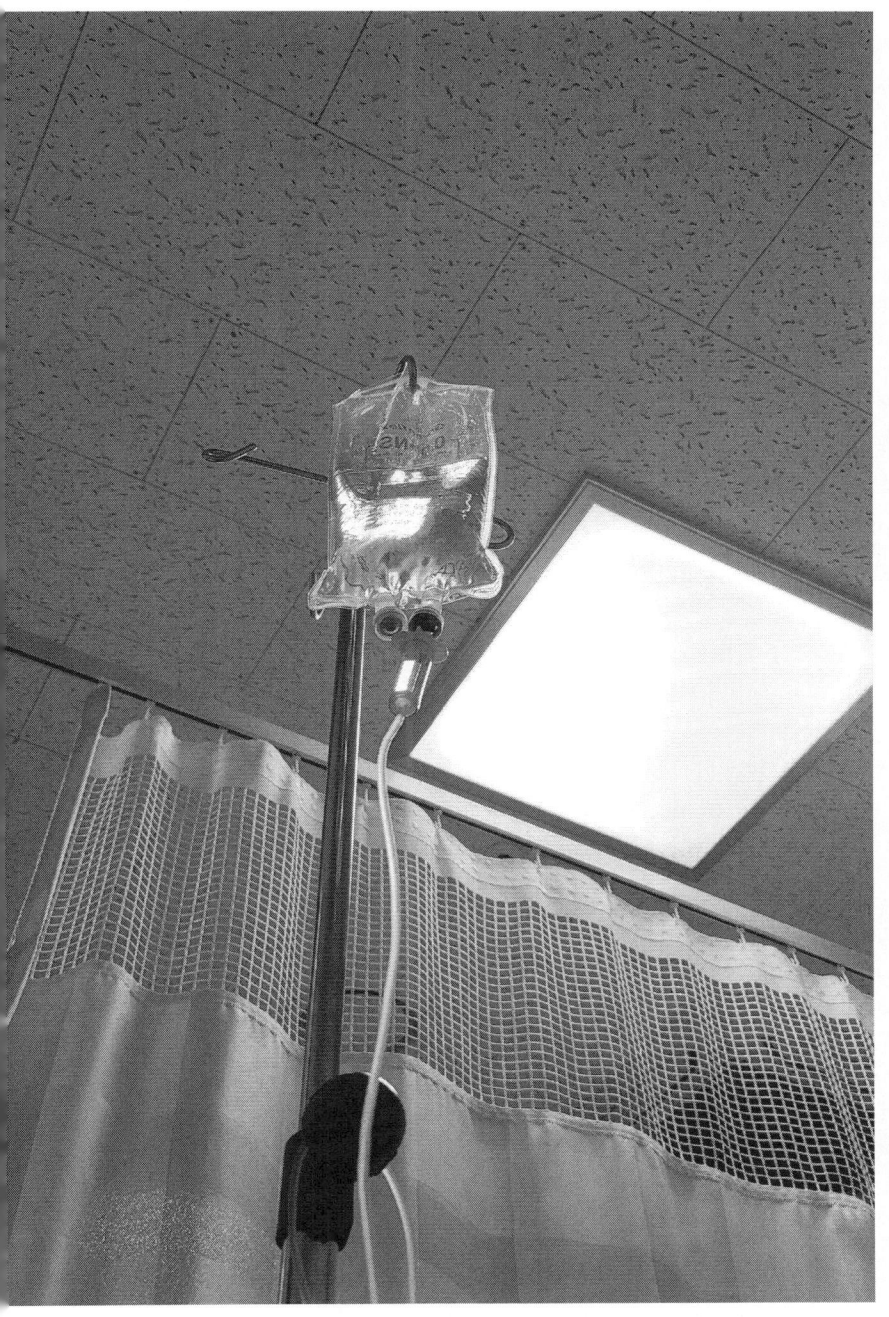

38. 스트레스에 좋은 차

프로와 아마추어의 차이를 아시나요? 흔히 전문자격증 또는 어느 정도의 경력의 유무로 프로와 아마추어의 경계선을 긋고는 하지만 사실 이 둘을 나눌 수 있는 가장 큰 차이는 바로 '스트레스를 해결하는 방법'입니다.

누구에게나 찾아오는 슬럼프. 그 슬럼프를 극복해서 나아가는가, 멈춰 서는가의 차이죠. 그래서 이번 글에서는 특별하게 스트레스에 좋은 차를 소개하도록 하겠습니다. 드립북이라고 해서 드립만 치지 않습니다. 여러분이 최적의 드립을 칠 수 있도록 도움을 드리고 있죠.

드립을 연구하다 보면 스트레스를 받게 되는 상황이 자주 찾아옵니다. 바로 그 스트레스를 다스릴 줄 알아야 진정한 드리퍼가 될 수 있습니다. 첫 번째 차 소개해 드리겠습니다.

1) 연차
직장인이라면 모두가 그리워하다 하루가 다 지났어 널 그리워하다 일 년이 가버릴 연차입니다. 제가 군대 있을 때는 분명히 연차가 하도 남아서 매번 왜 안 쓰냐고 과장님한테 불려갔었는데 전역하고 사무실에서 쓰려니까 매번 써도 써도 부족합니다. 이래서 공무원 하나 봅니다.

2) 월차
연차와 함께 직장인에게 스트레스를 해소할 수 있는 차입니다. 연차, 월차, 반차와 함께라면 스트레스 따위는 발로 차

3) 2020형 K.5 1.6 터보
제 차입니다. 분명히 차사면 여자친구가 생긴다고 해서 큰마음 먹고 샀는데 생기는 건 대출뿐입니다. 유류세를 아무리 인하해도 기름값은 내려가지 않고 세차를 아무리 해도 보조석에는 그 누구도 타지 않습니다. 유일하게 타는 사람은 편집자인데 이 사람은 타기만 하면 멀미를 합니다.

4) 무료 주차
사람 살 땅도 부족한 이 서울 땅에서 가장 빡치는 건 주차공간이 없는 것입니다. 그런데 무료주차 공간이 있다? 개꿀 서울 스트레스 다 풀림

39. I'm happy but I can't

난 행복하지만 행복한 척 할 수 없어

40. 다음 책 예고

갈굼의 미학.

41. 시간이 해결해줄까?

　　　　땡- 틀렸습니다. 시간은 그 무엇도 해결해주지 않습니다. 시간이 아닌 바로 당신이 해결할 수 있습니다. 우리는 시간을 초월하는 젤나가, 그 이상의 존재입니다.

어휴 진짜 너무 개소리.

42. 훈데르트 바서 '직선은 신의 부재다'

: 선을 따라 만난 당신과의

1)
화가이자 건축가, 환경운동가인 훈데르트 바서는 '직선은 신의 부재다'라는 말과 함께 사람은 자연에 잠시 들렸다 가는 손님이라는 표현을 남겼다.
직선에 신이 부재(不在)하다니, 얼마나 신박하고 불신한 발상인가.
그의 건축물 중 하나인 쿤스트하우스를 보면 그가 말한 문장이 시각화 되어 있다는 것을 느낄 수 있다.
형형색색의 표면과 각이 맞지 않는 창문, 틀을 깬 것처럼 보이지만 이미 하나의 틀이 되어버린 건축물의 조합이자 글자들의 조합.
그리고 그의 말을 빗대어 사잇 글자처럼 쏟아지는 나무들.

2)
사람과 자연, 그리고 예술. 이 모든 것을 선(線)으로 표시할 수 있을까?
굴곡진 선 안에 신이 존재할까?
그 선 안에 사랑이 존재할까?

3)
사랑을 선으로 표현한다면 직선이 나오는 경우의 수는 거의 없다고 보는 것이 맞다.
그냥 없다고 표현해도 두세 마디의 말이 오가는 상황 속에서 부정할 수 있는 사람은 없을 것이다.
굴곡진 선이 사랑을 이야기할 테지.

4)
나 역시 선 같은 사랑을 했다.
가늘고 너무 가늘어서 손 대면 끊어질 것 같은 사랑

가끔은 현(絃)같다는 생각도 했다.
우리의 사랑은 아름다운 연주곡이 아니었을까.
아무도 손대지 않았을 때는 그저 쭉 늘어진 직선에 불과했는데,
서로 손을 대는 순간. 곡선처럼 휘어지면서 여러 소리를 내는.
감히 이야기하건대 당신은 참 아름다운 소리를 가졌다.
지금도 다시 듣고 싶다.

5)
눈을 감으면 내 옆에 누워서 나에게 좋아한다고 말하던 그 목소리가 떠오른다.
귀를 막아도, 아무리 막아도 계속 환청처럼 귓가에 맴돌아서 미칠 것 같다.
차라리 귀를 도려낼까 생각을 했다.

6)
조명.
자동차.
음악.
너.

7)
심장박동 수를 나타내는 그 가느다란 실처럼

8)
직선은 신의 부재다.
심장이 멈춰버린 사람의 신체에는 신이 존재하지 않는다.
신은 심장 안에 있다.
사랑은 심장 안에 있다.
내가 당신을 사랑한다고 느낀 그 모든 것은 내 심장에서 시작되었다.

9)
이제 무엇을 도려내야 하는지 명확해졌다.

10)
우리가 따라 걸었던 모든 선들은 곡선이다.
우리가 바라보던 저 희미한 미래들조차 곡선이었다.
당신과 나와의 모든 것 중에 직선은 없었다.
우리의 부재(不在)에 신은 부재(不在)한 적 없다.
우리는 신과 함께한,
사랑과 함께한 운명이다.

11)
여전히 혼자 남은 밤.
사실 이 밤에는 신도 부재해 있다.
너만 내 마음속에 있다.
당신만

12)
밤하늘에 달을 보고 당신을 저 달나라에 데려다주고 싶다는 생각을 했다.
밝게 빛나고, 웃고, 행복한.

실컷 울고 나니 괜찮다.
여전히 당신이 보고 싶다
여전히 당신을 미루고 있다.
아직도 당신이 보고 싶다.
아직도 당신을 밀어내고 있다.

여전히, 아직도 당신을 생각한다.

13)
오늘 선선한 바람이 곡선을 그리며 나에게 불어왔다.
당신 생각이 났다.

0)
직선은 신의 부재라는데,
굴곡진 우리의 선 안에도 사랑이 있지 않았을까?

43. 저 책을 쓰다 보니 개인적인 고민이 있는데요.

너무 개인적인 거라 나중에 이야기할게요.

44. 아침이 되었습니다.

마피아는 눈을 떠서 출근하는 직장인을 깨워 주세요.

45. 갬성드립 두 편

        비가 내린
Love rain
나는 매일
너는 내일

차가운 네 품 안에 갇혀서
나는 매일매일
새하얀 손가락 끝과 너의 눈에 데인

46. 드립은 쓰다.

어쩌다 보니 글을 쓰는 직업을 갖게 되어 작가가 아니어도 보고서든 뭐든 글을 쓴 지 10년이 되었습니다. 처음에 쓴 글은 대부분 국가안보와 관련된 내용이라 여기에 적을 수 없기는 개뿔이고 돈만 주면 육군 작전계획을 읊어줄 수 있으니까 제발 연락해주세요.

전역을 하고 난 뒤에는 또다시 어쩌다 보니 변호사님하고 일하게 돼서 온갖 글을 다 쓰고 있습니다. 최근에 쓴 글은 이혼 준비서면인데 글을 쓰고 보니 참 인생이 쏩쓸했습니다.

드립도 마찬가지입니다. 사람들이 안 웃어주면 드립이 참 쓰고 힘들지만, 사실 웃어줘도 쏩쏠하기는 마찬가지입니다. 아마 사람들이 웃기만 해서 그럴 거예요.

"오빠, 오빠는 이렇게 재미있는데 왜 애인이 없지?"
"사람들은 재미있는 남자를 좋아하지만 사랑하지는 않는단다."

제 직업이요? 뭐 이것저것 쓰는데 그중에서 인생이 제일 쓰네요.

47. 콜록콜록 아 제가 알레르기가 있어서요.

인생에.

48. 변호사 상담 무료

편이 되어 같이 욕 해드립니다.

49. 난 차라리 평범한 사람이 되어 너의 곁에 있을래

평범하게 네 곁에 있고 싶어.

50. 드립치는 서른입니다.

김광석 가수의 '서른 즈음에'의 서른은 어땠을까. 매 하루는 멀어지기보다는 숨 막힐 정도로 가까워지고, 담배연기는 매워져 어느새 더 이상 연초를 피지 않은 채 타르 없는 수증기와 한숨만 내뿜으며 살아간다. 되려 최영미 시인의 잔치가 끝난 서른이 나와 비슷하지 않을까.

'(중략)잔치는 끝났다
술 떨어지고, 사람들은 하나 둘 지갑을 챙기고 마침내 그도 갔지만
마지막 셈을 마치고 제각기 신발을 찾아 신고 떠났지만
어렴풋이 나는 알고 있다
여기 홀로 누군가가 마지막까지 남아
주인 대신 상을 치우고
그 모든 걸 기억해내며 뜨거운 눈물 흘리리란 것을
그가 부르다 만 노래를 마저 고쳐 부르리란 걸
어쩌면 나는 알고 있다
(중략)
그러나 대체 무슨 상관이란 말인가'

코로나를 핑계로 건배 소리는 멀어진 지 오래되었고, 동지여! 를 부르던 붉은 띠를 동여맨 청년은 어느새 공천만 바라보며 넥타이를 조여 맸다. 한숨을 쓰고 간 형은 서른을 보지 않은 채로 젊은 날만 보내고 있다. 술을 마셔도 괜찮았던 2017년 겨울 그날에는 평소보다 더 많은 술을 마셨던 기억이 있다. 안주는 여전히 한숨이었고, 유독 술잔이 빛나던 날이었다.

아직도 행정법이니 형법이니 이해가 되지 않는 이론보다는 인과관계만 파악해도 쓸 수 있는 이혼서면이 더 편한 주말이다. 나이 지긋한 의뢰인은 서른부터 사랑해서 아들의 서른을 보고 나서야 현실에서 돌아서려 한다고 이야기했다. 청춘도 바치고 돈도 바쳤으니 이제는 혼자 지내고 싶다고. 공감 없는 이해로 그 입장에서 다른 사람을 설득하는 글을 쓰려 한다. 생각해보니 거짓부렁일까 겁나고, 정리되지 않는 글이 삐죽 나도 몰래 튀어나올까 겁난다.

'매일 이별하며 살고 있구나'

이별이 더 달콤해지는 두 번의 서른을 맞은 사람은 자신이 떠나보낸 것도 아니고, 떠나온 것도 아니라 한다. 다행인지 불행인지 잊혀는 간다고 한다.

가끔은 당신의 첫 서른은 어땠는지 물어보고 싶다.
가슴 속이 텅 비어 아무것도 찾을 수 없는지, 새벽이 오기 전 환하게 불을 밝혀 무대를 다시 꾸밀지, 미쳐버린 시인의 말로처럼 서른을 보지 못한 채 아직 스물의 당신으로 머물러 있는지. 서른의 몇 안 남은 주말 속에서 이상하게 당신 생각이 났다.

51. 진정한 슈퍼스타는 까와 빠를 둘 다 미치게 한다.

B로 시작하는 그룹을 좋아했습니다. 좋아합니다. 비록 여러 가지 사건과 함께 그들의 그룹 이름처럼 우주대폭발 되어 산화되었지만, 아직도 좋아하고 있습니다. 그리고 지금도 여전히 B로 시작하는 그룹을 좋아하고 있습니다. 그들의 음악과 이야기는 저를 편안하게, 그리고 잠들 수 있게 해주고 있습니다.

몇 년만에 컴백을 하면서 새로운 노래를 들고나왔을 때 오랜만에 설렘을 느끼게 되었습니다. 노래 제목처럼 Still Life. 이게 생각해보면 참 재미있지 않나요?

누군가는 당신의 이름을 물에 적었고, 누군가는 당신의 이름을 노트에, 저는 당신의 이름을 이 책에 적었지만, 모두가 아직 Still Life 하고 있습니다.

4계절을 지나 당신을 만났는데 뭘 못 기다리겠습니까

진정한 슈퍼스타는 뭐다?

까와 빠를 둘 다 미치게 합니다.

52. 달라진 것은 단 하나, 전부입니다.

 "나 원래 이런 사람이야" 라는 말을 곱씹어보면 정말 싸가지도 없고 병신 같은 말입니다. 나 원래 이런 사람이야? 저런 사람은 뭔데, 다른 사람은 뭔데? 변할 의지가 없는 원초적 본능의 사람이죠. 생각이란 걸 안 하는 겁니다. 생각이란걸 에이 망할

53. 나도 이 이야기를 다 쓰고 나면 좀 더 수월하게 죽게 될 것이다.

어찌 된 일인지는 구라고 책을 쓰는 즈음에 굉장히 우울하고 바보 같은 하루가 반복되고 있습니다. 매일을 후회하며 살고 있죠. 후회는 담아두지 않고 하기만 하면 괜찮은 것이지만, 이걸 담아두면 정말 평생을 후회와 함께 살게 되는 것입니다.

뒷담화라고 하죠, 사람들의 흉을 보는 것을. 저는 주변 사람들에게 뒷담화를 할 바에야 앞에서 욕을 하고 말겠다는 말을 자주하고는 했는데, 생각해보니 저도 뒷담화를 무지 하고 다녔더라고요. 틈만 나면 사람들한테 가서 누가 별로네, 누가 저렇네, 누가 이렇게 했네 하면서요.

이곳에서라도 조금은 솔직한 이야기를 적어볼까 했는데, 결국은 아파해질 사람들을 생각해서 아무 이야기도 적지 못하겠습니다.

그래도 작게나마 소원합니다.
이 이야기를 마친 뒤에는 조금은 더 수월하게 죽기를.

54. 이유와 정도

　　사랑하는 이유를 묻기 시작하면,
사랑하는 정도가 내려간다 카더라

55. 모두 내가 한 선택인데 왜 이렇게 불안할까

도대체 왜

56. 너에게는 내가 보지 못하는 모든 색이 다 들어있어

참고로 적록색맹입니다.

57. 세상에서 가장 도움이 안 되는 이론

제가알기론

58. 크로와상

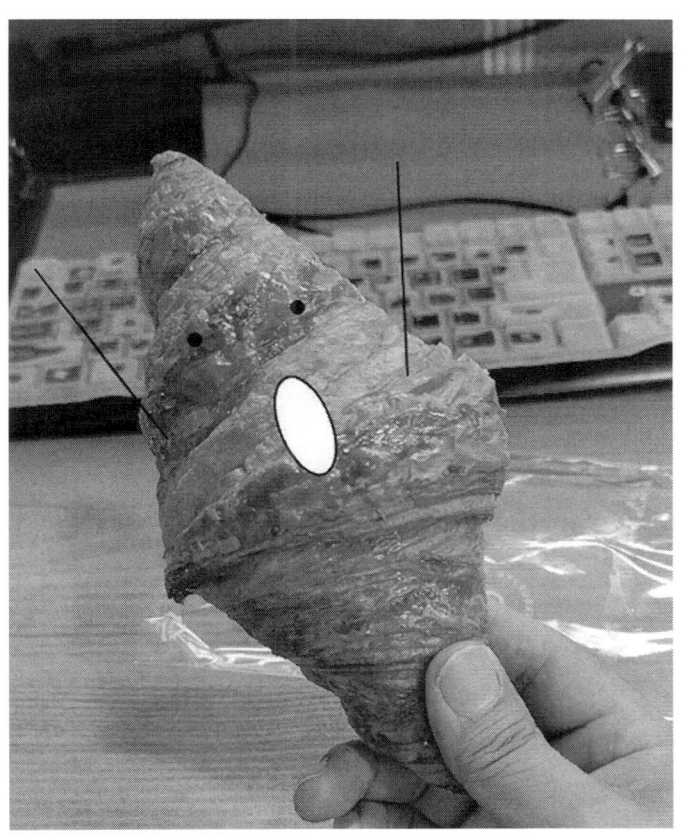

하이

59. 난 딴 돈의 반만 가져가

60. 너 신고

혼인신고

61. 착한 생각

주지스님한테 뺨 맞는 생각

62. 몇 번을 말해

우리가 나누는 대화는 아름다운 연주곡 같아

63. 원더월이 무슨 뜻이냐고?

멋있으면 그만이지

기타를 못 치면 어때?
방에다가 그냥 두기만 해도 존나 멋지잖아

64. 하루 종일이라도 할 수 있어

너랑

65. 하나 정해봐

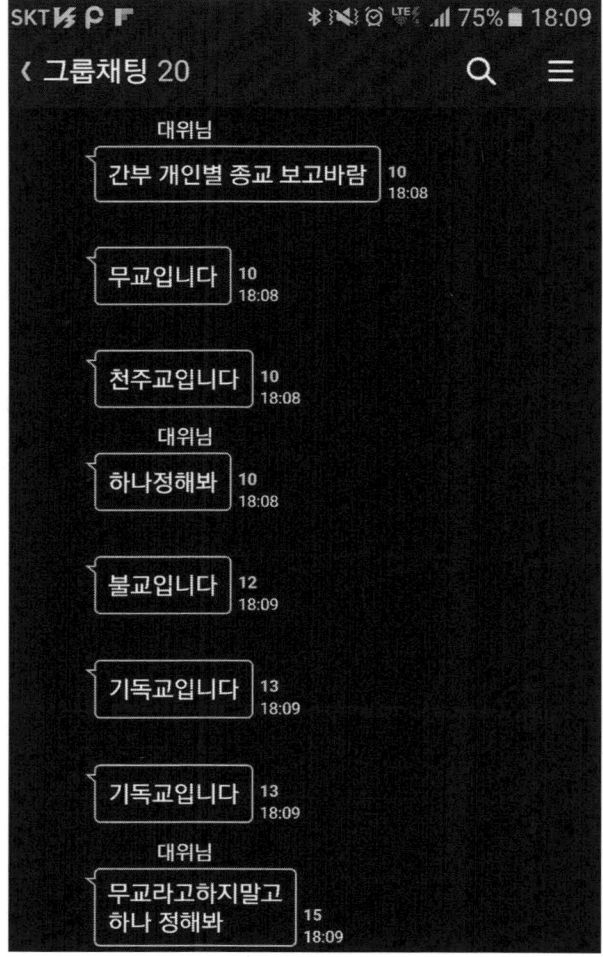

66. 날 마중 나오지 않아도 좋으니까

나와 함께했던 모든 일이 행복했으면

67. 근신하라 깨어있으라

진짜 존나 처맞기 싫으면

68. 기녀에게 가장 중요한 것이 무엇이냐

　　　　　술입니까? 사랑입니까?
아니다. 고통이다.

낙화유수니라, 꽃잎이 물을 따라 흐른다는 뜻이지.
제 아무리 곱다 하나 지고만 꽃이니 네 말대로 슬플 만도 하구나.

69. 에이요

[Web발신]
SHOW ME THE MONEY 6
오디션에 많은 지원 감사드립니다.
서울 1차 오디션 일정을 아래와 같이 공지하니 반드시 참석 바랍니다.

일시 : 4월 29-30일 (토,일) 오전 7시
장소 : 삼산월드체육관
(4월 29일 오전에는 쇼미더머니6 프로듀서와 함께하는 오프닝 이벤트가 있을 예정입니다.)

※ 1차 오디션 유의사항 ※
- 29일, 30일 중 하루를 선택해 참가하시면 됩니다. (양일 중복 지원 시 합격취소 및 현장에서 불이익을 당할 수도 있습니다.)
- 시간 엄수, 선착순으로 번호표가 배부됩니다. (지방거주 미성년자는 앞 순서로 배정되니 이 점 양해바랍니다.)
- 1차 오디션은 무반주로 진행됩니다.
- 많은 인원이 참여하는 프로그램 특성상 대기시간이 길어져 오디션이 다음 날로 미뤄져 진행될 수 있으니 이점 양해바랍니다. (4월 30일은 오후 5시 지원 접수 마감)

 메시지를 입력하세요 보내기

70. 회복탄력성

회복에도 탄력성이 있다는 말이 있습니다. 행복근육이라는 말처럼 인용되고는 해서 기억이 나는 말이네요. 자주 쓰러졌다 일어나는 사람일수록 회복에 탄력성이 생겨서 다시 일어나기 쉽다는 말인데, 제가 가장 갖고 싶어 하는 근육입니다.

좋지 않은 일이 생길 때마다 넘어졌다 일어나고는 했는데, 근래 들어 일어나기 힘든 날이 많아졌을 때는 일어나기가 참 쉽지 않았습니다.

저는 스스로를 나쁜 사람이라 생각을 많이 했고, 주변에도 항상 그렇게 이야기하고 다니는 편입니다.

'저는 나쁜 사람입니다.'

어쩌면 이런 최면을 통해 제 죄의식과 죄책감을 덜어내려 했던 게 아닐까 생각이 듭니다. 계속해서 스스로를 나쁜 사람이라 생각해야 나중에 일어날 나쁜 일에 의연하게 대처하지 않을까 생각했거든요. 회복탄력성을 갖고 싶어 하는 나쁜 사람이라, 아이러니하면서 건방진 말 같네요.

어쨌든 저는 결국 도피를 선택했습니다. 저 하나만 없어지면 모두가 편해지지 않을까 하는 생각에서요. 언젠가는 나아지겠죠. 정말 회복에도 탄력성이 있다면, 저도 언젠가는 예전이라 부르던 때로 돌아갈 수 있지 않을까요?

71. 살은 누구도 찌고 싶어서 찌는 게 아니야

삶은 대체로 존나 자기의 뜻이 아니야

72. 긔엽긔는 거꾸로 해도

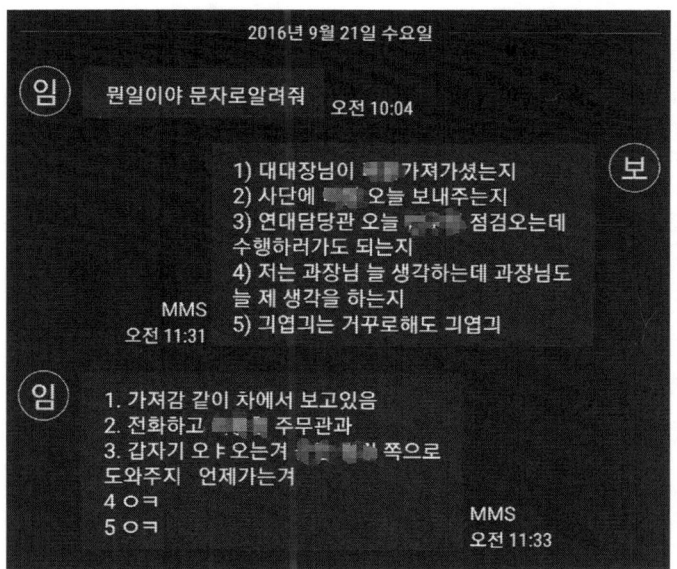

긔엽긔

73. 나 혹시 몰라 경고하는데

잔 들어

74. 좋아해

예전부터 지금까지

75. 위선도 선이고 악법도 법이면

이 책도 책입니다.

76. 두려운 것은 좆같음 그 자체가 아니야

좆같음이 언제 어디서 나타날지 모르는 것이 두려운 것이지

77. 무능이 실패의 면죄부가 되지는 않는다.

원인은 됩니다.

78. 느리지만 꾸준히 따라오는 것

가난

79. 진실

진실로 사람을 조질 때는 몇 가지 전제조건이 있습니다.

1) 당사자만 알고 있다는 진실
2) 당사자만 알고 있다고 착각해야 하는 진실
3) 진실이 터졌을 때 재미가 있어야 하는 진실

그래서 말인데 진실을 항상 감추세요.
원하지 않아도 들키게 됩니다.

80. 조지기

"주임님은 약간... 소시오패스 같아요."
"어 진짜 맞는 것 같아요. 나쁜 뜻이 아니라 그냥 저도 로스쿨 있을 때 막 인성 파탄 난 사람 많이 봤는데 주임님이 그런 사람이란 뜻이 아니라 뭔가 분위기가 비슷해요."

아 시발 들켰다.

화요일, 대표님 한 분은 감기, 한 분은 개인 사정으로 직원끼리 점심을 먹게 되었을 때 일이었습니다. 벌써 2년이 되어가는 일이지만 아직 생생하게 기억이 나네요. 제 기억이 맞는다면(당연하게 틀리지는 않을 것입니다) 그 날은 첫눈이 오는 날이었고, 피자를 시켜 작은 회의실에서 다 같이 밥을 먹었습니다. 직장인의 이야기가 늘 그렇듯 이런저런 이야기가 오다가다 '어떤 사람인 것 같다'라는 주제로 넘어가게 되었습니다. 죄송해요. '같다'가 아니라 그냥 그렇게 넘어갔습니다.

사실 전 모든 걸 다 기억합니다. 정말 병신같이도. 기억력이 좋다는 건 축복이 아니라 저주입니다. 기억하기 싫은 일도 어제 일처럼 생생하게 기억이 나거든요. 그 사람이 날 바라보던 모습도, 나에게 화를 내면서 움직이던 입술의 모양도, 나를 밀치며 이제 가라고 이야기하면서 울던 모습도 말이죠. 이런 슬픔의 조각까지 기억하기 싫어서 제가 만든 기억의 궁전에는 이기적이게도 기억하고 싶은 기억만 간직하고 나머지 기억들은 지하 창고 구석에 넣어 가끔 공상에 빠지곤 할 때 꺼내 보곤 합니다. 참고로 그 창고에는 '피타고라스의 정리'라거나 '일주일 안에 죽이게 피아노 치는 법', '인수분해' 등등이 있죠.

당시에는 "에이 아니에요" 하면서 애교 있는 척 눈을 살짝 뜬 채로 정상으로 보이도록 행동했습니다. 아니 제 기준으로 정상인처럼 보이도록 생각했습니다. 물론 저 이야기를 하셨던 두 분 모두 장난이라는 말과 함께 슬쩍 제 눈치를 보고 넘어가셨죠. 그리고 저는 식은땀을 흘렸습니다.

처음으로 제가 이상하다는 것을 깨달은 것은 아마 중학교 때인 것 같습니다. 중학교 시절 저는 흔히 이야기하는 질풍노도의 시기, 사춘기가 없이 학창 시절을 보냈습니다. 꽃을 생각하는 시기? 염병 꽃은 다 꽃이지 뭔. 꽃에 의미를 부여할 시간에 저는 다른 생각을 하고는 했습니다. 무슨 생각이냐고요? 비밀입니다. 어쨌든 당시에 사이코패스와 소시오패스라는 단어가 치기 어린 마음에 남학생들 사이에서 유행하던 시기라 몇 관종병 있는 사람들이 본인이 그 테스트를 해봤는데 자신과 아주 비슷하다며 자랑하고는 했죠.

저는 해본 적은 없어서 잘 모르겠습니다. 당시에는 그냥 웃어넘길 장난처럼 그냥 스쳐 지나가는 옛이야기라 생각했거든요. 고등학교에 들어와서 좋아하는 여자를 만나기 전까지는요. 당시 운이 좋게도 서로 호감을 갖고 있던 여자와 함께 몇 번의 데이트와 요즘 말로 썸인가요? 요즘 말은 아닌가. 서로 조금 더 가까워질 무렵에 진짜 미친놈 같다는 소리를 들었습니다. 왜 그런 소리를 듣게 되었는지 다 기억이 나지만 몇 가지 추려서 이야기를 하자면 그냥 진짜 미친놈이어서 미친놈 같다고 한 것 같습니다.

역시 제가 사랑한 여자답게 눈썰미도 좋고 예뻤습니다. 그렇게 저는 미친놈인 채로 고등학교를 졸업하게 되었습니다. 참고로 이야기해 드리면 고등학교 때는 미친놈인지라 친구가 별로 없었습니다. 하긴 저였어도 그때의 저하고는 친해지고 싶은 마음이 없습니다. 크게 이득 되는 부분이 없거든요.

20살. 여러 상황으로 급하게 군대에 들어가서 저보다 나이가 많은 사람들에게 존댓말도 듣고 반말도 듣고 욕도 정말 원 없이 먹었습니다. 욕을 먹으면 장수한다는 말이 있는데 이 말이 사실이라면 저는 아마 증손주가 결혼하는 것도 볼 수 있을 겁니다. 물론 제가 결혼한다는 전제로요. 군 생활이 조금 익숙해지고 군대용어로 짬이 찼을 무렵, 제가 갖고 있던 특기가 수면으로 드러나기 시작했습니다. 특기라고 하면 조금 부족하고 포장해서 이야기한다면 종교적 언어로 은사? 게임으로 말하면 고유스킬? 그런 것인데, 그 능력은 다름 아닌 '조지기'입니다. 글쓰기? 말하기? 아닙니다. '조지는 것'입니다.

저는 조지는 걸 진짜 기가 막히게 잘했습니다. 물론 쏘맥도 잘 조졌지만, 그것보다는 사람을 조지는 일에 정말 특화된 사람이었습니다. 그게 육체적이든 정신적이든 말이죠. 오죽하면 보안, 감사팀으로 캐스팅 제의가 들어올 정도였습니다. 사실 캐스팅이 아니라 그냥 차출되기는 했습니다. 이유는? 잘 조져서.

그렇게 남들보다 무서운 인상과 좆되는 말빨, 잘 조지는 특성이 어우러져서 사람을 참 많이 조지고 다녔습니다. 작전과와 보안과 등 회사로 치면 감사팀이나 기획부로 이야기할 수 있겠네요. 군 생활 내내, 마치 제게 내려진 특권인 것 마냥 조지면서 군 생활을 즐겼습니다. 조지아 커피 마시면서 조지고, 미국인처럼 조지고 부시고, 그 와중에 저격수도 하고 파견도 가고 육군교도소도 갈뻔하고, 욕도 오지게 먹고. 변태끼가 있는 건 아닌데 저는 남들이 저에게 욕을 하면 그건 제가 일을 잘하고 있는 뜻으로 해석했습니다. 왜냐하면 군대는 그놈의 정(情)이라 불리는 일로 해결하는 일이 많은지라 저처럼 어제 같이 밥 먹었던 사람을 오늘 조지면 사람들이 정 없다면서 욕을 했거든요. 말씀드렸지만 M은 아니고 S입니다.

이렇게 조지고 다니니 인생이 편하겠습니까. 한참 조지고 다니니 군 생활이 꼬이기 시작하고 별의별 일들을 다하게 되면서 정신을 차렸을 때는 서해였습니다. 귀양은 아니었지만 뭐 이래저래 쫓김 아닌 쫓김을 받게 된 것이죠. 그래도 기분은 끝내줬습니다. 파견이다 보니 건드는 사람도 없었고 당시 같이 오게 된 후배는 저보다 한 살 형이었지만 서로 코드가 잘 맞아서 정말 친형제처럼 미친 듯이 일하고 미친 듯이 놀았습니다. 한번은 바다에서 같이 앉아 노래를 듣고 있는데 후배가 이런 이야기를 했습니다.

"반장님은 진짜 제가 본 사람 중에 최고로 미친 사람인 것 같습니다."
"그치? 알아 나도, 형도 다 알고 있던 거 아니었어?"
"반장님 소시오패스인 것 말입니까? 아직까지 사람을 안 죽인 게 신기하기는 한데 뭐 언젠가 죽여도 크게 이상할 것 같지는 않습니다."
"사람이 태어났으면 희대의 영웅이든 쓰레기든 둘 중 하나는 해야지. 나중에 YTN에 내 이름 뜨면 나니까 케이크나 두부 둘 중 하나는 준비해라."
"아 진짜 미칠 것 같이 웃겨. 역시 미친놈"

덕분에 군 생활의 후반기를 행복하게 보낼 수 있었지만 저는 전역을 결심했습니다. 후회는 할 만큼 해서 인제 와서 후회가 되지는 않지만, 가끔 군무원 준비를 해볼까 하고 생각이 들고는 합니다. 수사직렬로 들어가서 다시 조지고 다니면 재미있을 것 같거든요.

전역을 선택한 이유는 여러 가지가 있지만 어느 순간부터 군복을 입고 이렇게 혈세를 빨아먹는 저 자신에 대해 한심하게 느껴진 부분도 큰 부분이었습니다. 결국 8급 공무원과 수억원 어치의 연금, 그리고 집과 차를 버리고 전역을 했습니다. 솔직하게 가끔 아쉽기는 합니다. 전역했을 당시 정말 친하게 지내고 아직도 연락을 하는 과장님께서 이런 이야기를 해주셨습니다.

"보람아, 너는 밖에 나가도 잘할 거야.
일도 잘하고 머리도 좋으니까. 근데 밖에 나가면 정말 조심해야 해. 특히 네가 잘하다가 가끔 미친놈처럼 행동하는 거. 여기에는 그런 사람이 많아서 크게 이상하지 않지만, 밖에서 그러면 정말 큰일 난다.
내가 형으로서 걱정돼서 그래 정말."

과장님. 아니 형. 전역한지 1년 만에 들켰습니다.

저에게는 제가 정해놓은 '틀'이 있습니다.
순전히 저 혼자 정한, 제가 숨 쉬고 사는 사회의 틀입니다.
아주 간단하죠. '무단횡단하지 않는 것', '다 같이 있는 자리에서는 조용히 이야기 하는 것', '사람들과 이야기할 때는 입꼬리를 올리고 있는 게 좋다는 것' 등등 여러 가지 틀이 있는데 저는 그 틀을 벗어나는 것을 정말 싫어합니다. 살면서 그런 척을 하지는 않지만 실제로 그걸 벗어난 사람도 굉장히 싫어합니다. 무단횡단? 진심으로 이해가 안 되서 그런데 세상에 갑작스럽게 생긴 급한 일이라면 뛰어가는 게 아니라, 택시를 타면 되는 것이고 약속이 늦었다? 피치 못할 사정으로? 그럼 그것도 계산해서 일찍 나오면 되는 게 아닐까요? 천국에 가고 싶으면 기도하고 혼자 가지 왜 굳이 다른 사람에게 피해를 입히는지 아직도 이해가 되지 않습니다.

장황하게 쓸데없는 이야기를 많이 하게 되었지만, 동정받거나 안쓰러운 눈빛으로 보거나 미친놈 쳐다보는 눈빛은 익숙해져서 눈만 봐도 알기는 합니다. 그런 것을 보려고 쓴 게 아니라 그냥 이런 인생을 사는 조지는 사람도 있다는 것을 이야기해보고 싶었습니다.

이 글을 쓰고 있는 요즘은 아닌 척하면서 살고 있던 제 모습이 나와서 깜짝 놀란 것도 있고, 다니고 있는 병원의 의사선생님께서 저를 연구하시는 듯한 모습이 있어서 옛일이 생각나고는 하네요.

근데 살면서 한 번쯤은 미치는 것을 추천해 드립니다.
저처럼 항상 미친 것 말고요.

미쳐버린 세상에, 이미 미친 사람이 무슨 짓인들 못 하겠느냐만 그 미친 짓으로 인해 저보다 더 아파할 미친 사람을 생각해서 요즘은 미친 짓을 줄이고 있기는 합니다.

하나만 기억하세요.

'비정상적인 시대에는, 비정상적인 방법이 필요하다.'

81. 어려진다면

나는 속으로 대답하고 서로가 빛나던 그날처럼,
빛이 바래진 그 순간처럼 대답을 삼켰다.

"오느라 힘들었지?"

딘은 오빠가 나를 빛나게 만들어주던 날들처럼 웃으면 반겨주었다.
딘의 친구가 운영한다는 샤오롱바오집에 들어가 그의 친구들에게 인사를 건넸다.

몇 잔의 술잔이 부딪치며 어색함을 깨고 분위기가 무르익어 갈 즘 나는 빨리 취해버리고 말았다. 아니 술이 아니라 그 추억에 취해버려서 무슨 말을 했는지 모를 정도로 어린아이가 되었다.

"수연아 그거 알아?
사랑을 하면 연인들은 서로 어린아이가 된대. 장난치고 순수한 그런 아이들. 난 너랑 있으면 어른이 되기 싫어져, 그냥 평생 어린아이였으면 좋겠어. 네 옆에서."

오랜만에 마주친 오빠는 여전히 아이였다.
우리가 떨어진 그 시간 동안 어른이 된 건 나 혼자였다.

82. 바래다줄게

바래? 다줄게

83. 언어의 농도

최근에 자주 쓰는 말.

1) 굳이?

모든 일에는 이유가 필요하듯이 이유가 없으면 저는 움직이기가 힘든 사람입니다. 아무리 생각해봐도 저 자신을 납득할만한 이유가 없으면 어떤 행동을 하기가 쉽지 않습니다.

2) 어떻게든 되겠지.

극단적인 성격 탓이라 움직였으면 항상 끝을 봐야 합니다. 그 중간의 과정이 설사 틀리다고 하더라도, 틀린 것을 알고 있더라도 맞게 만들어서 끝을 내고는 합니다.

3) 솔직히

어떤 장면, 모습이든 솔직한 것을 좋아합니다.
저 자신도 솔직해야 한다고 생각하고, 근데 솔직히 그러지 않을 때도 있기는 한데. 어쨌든 솔직하게 살려고 노력하고 있습니다.

4) 시발

시발

이 모든 것을 합치면

"시발 굳이 이거를 해야 해? 아니 솔직히 이거 시작했으면 끝까지 해야 하는데, 이유가 없잖아."

또는

"뭐 어떻게든 되겠지... 안 되면 되게 하고...
솔직히 굳이 여기서 끝낼 거였으면 시발 시작도 안 했어."

84. 좋아하는 것.

　　　　쓺.

글을 쓰는 것을 좋아합니다.
저에 대해서, 상대방에 대해서 쓰는 것도 좋지만 살아있는 모든 것들에 대해 쓰는 것을, 그리고 그보다 더 사랑에 대해 쓰는 것을 좋아합니다.

연애를 글로 배운 안타까운 케이스입니다.

85. 좌우명 변천사

    1) 시비를 안 걸면 싸움도 없다
2) 태어난 김에 살기는 하는데 이왕 사는거 개빡세게 살아보자
3) 널 사랑하면서 날 사랑하자
4) 은혜와 복수는 반드시 갚는다

86. 지나가다가 잠깐 들렸어

미련을 두고 와서

87. 도대체 내 책은 누가 사서 읽는 것인가

첫 단독소설을 출간한 지도 어느새 1년이 넘어가고 있습니다. 작년 연초에는 편딩과 원고 작업으로 머리 아픈 날을 보냈던 기억이 새록새록 떠오르네요.

첫 소설 [울지 말아요, 연습인데.]는 현재 부산, 제주도, 서울에 있는 독립서점 7곳에서 판매가 되고 있는데 얼마 전 정산을 받아보니 아마 제주도와 부산에서는 다 팔린 것 같습니다. 남아있는 곳은 서울에 있는 독립서점들이 전부인 것 같은데 이따금 이런 생각이 듭니다.

'도대체 누가 사서 읽는 것인가...'

물론 저 역시 독립출판물과 기성 서적, 아트북 등 가리지 않고 디자인이 마음에 들거나 좋아하는 글귀가 있다면 냅다 사서 읽는 편이라 편식 없는 독서를 지향하고 있지만(감성에세이나 자기계발서는 제외하고) 사람들이 제 책을 사서 읽는 다는 생각을 하면 가끔 심장이 쿵쾅쿵쾅 뛰면서 두려움이 밀려옵니다.

'이걸 왜 사는 거지...'

책을 낸 설렘은 사실 출판을 한 지 1개월 정도 지났을 무렵 사라져갔고, 다음 책을 준비해야겠다는 다짐만 자랐습니다. 아마 책을 만드는 과정이 너무 힘들었기에 조금 지쳐있기도 했고, 꿈에 그리던 버킷리스트를 완성하니 살짝 허무하기도 해서 그런 것일 테죠.

어언 2달 정도가 지난 뒤 제 책을 다시 읽어봤습니다.

'시팔'

오랜만에 본 책은 너무 못 만들었습니다. 아무리 제 자식이라지만 너무 못생겼네요. 고슴도치도 지새끼는 예쁘다는데 아무리 생각해도 이 새끼는 제 새끼가 아닌 것 같았습니다. 혹시나 하는 마음에 다시 한번 읽어봤지만,

'시이이이이팔'

여전히 못 만들었네요. 이 책이 국립도서관에 있다는 사실이 부끄러워지고 도서관 사서가 출판사에 고소장을 넣지 않을까 두려워졌습니다.

책을 만들 당시에는 '독립출판'이라는 단어와 문화에 푹 빠져있었습니다. 출판이라는 좁고 좁은 문턱을 넘어 자신만의 예술로 승화시킬 수 있는 고귀한 방법이라고 해야 할까요, 굉장히 유니크하면서도 멋있어 보이는 마치 메이플스토리 2글자 레전드 닉네임을 얻는 기분이었습니다.

첫 소설의 원고를 마감했을 당시에는 약 20만자 가량의 글을 썼습니다. 뿌듯함과 동시에 두려움이 들기 시작하더군요. 이걸 누가 다 읽나 하고요. 제 나름대로 친절하게 묘사한다고 썼던 글자들이 불필요한 시선과 장면으로 보이기 시작했습니다.

첫 편집을 마쳤을 무렵에는 25만자로 늘어나 있었습니다. 표현은 수려해졌다 생각했지만, 욕심은 더욱 커진 것이죠. 어떻게 해야 하나 고민만 늘어가는 와중에 놀러 간 독립서점에서 손바닥 크기로 만들어진 핸드북을 발견했

습니다. 안에 들어가 있는 글자를 다 합쳐도 원고지 10매가 나올랑 말랑한 글자수 였습니다. 그런데 책 옆에 웬 표식이 하나 붙어있더라고요.

[베스트 셀러]
네? 이게요? 제 머릿속에 있는 베스트셀러란 사람들이 자주 찾고, 문학적인 가치가 있으며, 유명 작가의 글로 똥을 싸질러도 주변에서 세상 가장 훌륭한 비료라 칭송하는 그런 부류의 책을 생각했지, 고작 이런 몇 글자 들어있는 조그만 책이 베스트셀러가 될 것이라는 상상은 못 했습니다.

정신을 차리고 서점 주위를 둘러보니 책 모양은 삐뚤빼뚤 가지각색에 이게 표지인지, 내지인지 헷갈리는 책투성이에 이면지로 보이는 책도 있었습니다. 순간 머리에 뭔가 빅- 하고 스쳐 지나갔습니다.

'그렇지. 이게 독립출판이지.'

제가 쓰고 싶은 책에는 제가 쓰고 싶은 글이 들어있습니다.
이게 제 책입니다.

이런 간단한 결론을 내지 못해서 편집을 마무리 짓지 못하고 전전긍긍하고 있었다는 사실이 생각나니 갑자기 헛웃음이 나오더라고요. 한참을 웃다가 서점에서 책을 몇 권 샀습니다. 글 내용이나 작가가 누구인지는 보지도 않고요. 그냥 표지가 독특하고 어쩌면 책 같지 않은 책, 이게 책인가 싶은 책을 읽어보지도 않고 그저 보고 샀습니다.

주변 카페에 앉아서 읽어보니 책에는 각기 다른 언어로 쓰인 빛나는 글들이 가득했습니다.

'이게 책이지,
이것도 책이지,
그래 모두 다 책이지.'
카페 의자에 기댄 채 잠시 사색을 즐기고, 가방에서 노트북을 꺼내 다시 원고를 작성해서 제가 쓰고 싶은 글을 썼습니다.

3번째 편집. 글자수는 약 4만자 가량으로 변해서 불필요한 설명이 사라진 채 어쩌면 기이한 내용으로, 그리고 제가 쓰고 싶은 내용으로 가득 찼습니다.

제 책이 완성되고 있었습니다.

이후에 운 좋게도 크라우드 펀딩을 통해 책을 출판하고 서점에 입고를 해서 다른 사람에게 닿을 수 있게 되었습니다.

글을 쓰다 보면 욕심이 생기곤 합니다.
끝내주는 문학을 쓰겠다는 생각이나, 사람들의 심금을 울리는 글을 쓴다거나, 아니면 정말 누군가를 저주하고, 사랑하고 미워할 수 있는 그런 글을 써야겠다는 욕심들. 감사하게도 그런 욕심 덕분에 지금의 글을 쓸 수 있게 되었기에 원망하거나 후회되지는 않습니다. 여러 가지 사건과 일이 있었지만, 아직도 글을 쓰는 이유를 묻자면 그저 제 글을 쓰고 싶어서라고 답하고 싶네요.

세상 부끄러운 책도 제 책이고,
이 책도 제 책이니까요.

글을 쓰세요. 책을 만드세요.
삶을 만들고, 이야기하세요.
어쩌면 당신의 내일이 아닌, 지금을 바꿀 수 있을지도 모릅니다.

그래서 제 책을 도대체 누가 사서 읽냐고요?
누구긴 누굽니까.

바로 당신이지.

88. 너의 결혼식

'결국 사랑은 타이밍이다.
내가 승희를 얼마나 간절하게 원하는지보단 얼마나 적절한 타이밍에 등장하느냐가 더 중요하고 그게 운명이고 인연인 거다.'

왜 몰랐을까
내가 생각하는 미래에 네가 없는 게 아니라
내가 생각하는 미래가 너였다는 걸

고맙고 사랑하고 기도할게
나의 이유가 되어주었던 너를 위해

89. 세상에는 나쁜 남자와 덜 나쁜 남자가 있습니다.

좋은 남자는 없습니다.

90. 너무 아픈 사랑은 사랑이 아니라는데,

너무 떨어진 코인도 그냥 코인이 아닌 걸로 해주시면 안 될까요.

91. 누구나 꿈꿀 수 있고 기적과 만날 수 있다.

근데 내가 누구가 아님.

92. 세 가지

　　　　　하고 싶은 일,
할 수 있는 일
해야 할 일

93. 네게

어디서 어떻게 지내는지 모르겠지만, 내가 널 생각하며 기도하는 만큼 행복하기를 바라.

너를 사랑했던 그 모든 순간들이 나에게는 늘 최고의 순간들이었어. 다른 사람들이 무슨 말을 하던 넌 내 인생에서 가장 사랑했고 고마운 사람이야.

94. 나의 작은 시인에게

나의 작은 시인, 나의 꽃, 나의 봄, 나의 시
당신

흐트러질까 무서워 조심스레 잡아본 종이꽃은
내 손으로 접은 게 아닌듯해, 누가 봐도 너인가 싶다

새하얀 종이꽃은 봄
등받이 없는 의자는 눈
조그만 손으로 적은 글씨는 입술

나의 작은 시인아, 나의 꽃아, 나의 봄아, 나의 시야

너는 호수를 바라보고 있는데도
바다를 보는 것처럼 빛이 난다
쓰다듬어본 너의 머리맡에서 짠내가 나
너는 내가 꿈속에서 적었던 사람이었고
깨고 나면 사라질 꿈이구나

나의 작은 시인, 나의 꽃, 나의 봄, 나의 시
나의 글
나의 당신

95. 위증

     사랑을 겪어본 자의 배려였을까
나는 쉽사리 너에게 사랑한다는 말을 하지 않았다
대신 너를 품에 안고 사랑한다는 말을 몸으로 말했다

왼쪽 목덜미에 있는 까만 점에 입을 맞추면 너는 부끄러운 듯 내 귀를 깨물곤했다, 그리고 내 입술까지 내려와 입을 맞춘 후,
사랑한다고, 사랑한다고, 사랑해달라고. 더. 더. 더.
몸으로 내게 말을 걸었다.

탄력이 없어진 고무줄끈 같이 늘어진 우리 몸이 짝이 안 맞는 젓가락처럼 식탁 위에 올라가 있을 때 너는 나와 조금이라도 짝을 맞춰보려 문양을 그리고 모양을 내보고 다시 높낮이를 맞추곤 했다.

사실 짝이 안 맞는다고 밥을 못먹는 게 아니지만 그런 네 모습이 귀여워 오른쪽 목덜미에 있는 점에 다시 입을 맞추면 너는 부끄러워하며 다시 내 귀를 깨물고를 반복했다.

귀를 만지면서 내가 입 맞춘 곳이 어디였나 생각을 했는데, 너의 오른쪽인가, 왼쪽인가. 네가 부끄럽다고 말하면 깨문 귀는 내 오른쪽 귀인가, 왼쪽 귀인가.
상상을 하면 할수록 양쪽 귀가 빨개지는데 양쪽 다인가

그때 네가 내 귀를 깨물며 했던 말을 뇌 속에서 끊임없이 끄집어내 본다
사랑한다고. 사랑한다고. 사랑했다고. 고맙다고. 그렇다고.

환승역에서 우연히 마주친 너를 보니 양쪽 귀가 빨개지는데 조심스레 살펴본 네 목덜미에는 점이 없었다.

96. 세상이 힘든 이유요?

　　　이게 다 더러운 자본의 논리가 끼어있어서 그렇습니다. 저희는 아마 이 지겨운 자본주의 속에서 평생 놀지도 쉬지도 못한 채 기계처럼 노동만 하다 쓸쓸히 죽어갈 게 분명합니다.

97. 영원(01)

창조는 신과 인간의 전유물이다.

98. 이제는 전화를 받지 않는 너에게

꽃이 저문다는 말로 너를 말하겠다.
긴 시간으로 너를 말하겠다.
말하지 않아도 괜찮다는 너에게 마지막 말을 건넨다.

우리는 달을 보며 시대를 말했다.
떨어지는 별들을 보며 마시던 술과 나 혼자 피던 담배. 그 연기가 밤하늘을 가릴 때가 기억나는데
이제는 눈물로 내 눈을 뿌옇게 가리고 있다.

무슨 말로 너를 보낼까.
사실 나는 입을 다물고 싶다.
너에게 이 말을 한다면 정말 네가 떠나버릴까 겁난다.
가슴 한편으로 너를 보내줘야 한다는 생각이 들지만 다른 편으로는 너를 붙잡고 왼쪽 심장을 반으로 갈라 너에게 주어 남은 인생,
똑같이 살고 똑같이 죽고 싶다.
의학적으로 불가능하다는 말은 엿먹어라 말하며
내 심장을 떼 나도 죽고 싶다.

그럼에도 살아라 라고 네가 말했으면 좋겠다.
우습게도 말해줄 네가 없지만
지금 내 귓가에 들리는 것 같다.

그 언젠가 술을 먹고 너에게 해줬던 소리에 대한 이론 때문일까
지금도 하남과 가평과 속초와 부산, 많은 도시에 우리의 소리가 남아서 다

른 형태의 파동으로 그곳에 존재하고 있다면,
나는 내가 읽는 책, 쓰는 책 다 버리고
그곳으로 달려가 그 파동 속에서 네 목소리를 찾고 싶다.

취하지 않으니 괜찮다.
취하지 않으니 너는 취해도 좋다.
나는 취하지 않으니 네가 좋다.
그런데 오늘은 취하고 싶다.
그래도 취하지 않는 나는 아직 너를 보내기 싫다.
너도 무언가에 취해서 그리 빨리 갔는지
아직 우리가 꿈꾸는 그 시대는 오지도 않았는데
빌어먹을 무엇이 너를 그렇게 찾았는지
그리도 빨리 갔는지.

따라가고 싶기에는 거짓말이다.
거짓말을 싫어하는 나도 오늘은 거짓말해서
모두에게 괜찮다 말하고 따라가고 싶다.

네가 기다리는 그곳이 내가 꿈꾸던 곳과 다르다면
내 앞을 막는 자가 설령 신이라도 죽여서 너에게 가고 싶다.

지치지도 않고 나는 평생 너를 그리워하고 생각하고
남은 인생에 너만 생각하다 누군가에게 병신 취급을 당하며 죽을게 뻔히 보인다.
그래도 그렇게 너를 추억한다면 나는 그런 병신이 되겠다.

보내기 싫어도 보내야 하는 너를 보내줄 테니,
다시 나에게 와라.
다시 내게 와라.
바람 되지 말고 꽃 되지 말고 사람 되어 내게 와라.
못다 한 말들 다시 해주고
너를 안아서 다시 시대를 만들 테니.
그 시대를 사람들이 꿈꾸지 않아도
내가 꿈꾸니 다시 만들 테니.

오늘은 취하든
마시다 죽든
끝나지 않는 말을
누군가 마쳐주기를 바라며
대신 염불 하나 외우고 갈란다.

사리자여.
색이 공과 다르지 않고,
공이 색과 다르지 않으며
색이 곧 공이고 공이 곧 색이니,
감각, 생각, 행동, 의식도 그러하니라

사리자여.
모든 존재는 텅 빈 것이므로,
생겨나지도 없어지지도 않으며,
더럽지도 깨끗하지도 않으며,
늘지도 줄지도 않느니라

그러므로 공의 관점에서는 실체가 없고
감각, 생각, 행동, 의식도 없으며,
눈도, 귀도, 코도, 혀도, 몸도, 의식도 없고,
색깔도, 소리도, 향기도, 맛도, 감촉도 법도 없으며,
눈의 경계도 의식의 경계까지도 없고,

무명도 무명이 다함까지도 없으며,
늙고 죽음도 늙고 죽음이 다함까지도 없고,
고, 집, 멸, 도도 없으며,
지혜도 얻음도 없느니라.

99. 미운오리쓰애끼

옛날 옛적에 미운 오리 새끼(리키) 한 마리가 살고 있었어요. 오리는 친구인 닭(꼬꼬), 꿩(탕이)과 함께 울타리가 있는 푸른 새장에서 지내고 있었어요. 어느 날 산책을 나온 리키가 저기 하늘 높이 날아가는 한 마리 새를 보고 생각했어요.

'아 나도 날고 싶다'

집으로 돌아간 리키는 꼬꼬와 탕이에게 오늘 본 새에 대해 이야기했어요. 그러자 모두 코웃음을 쳤죠

"야 그런 게 어딨어! 날개는 그런 용도로 만들어진 게 아니야!"
"그러니까 얘 또 쓸데없는 거 보고 왔네. 야 한번 찾아보자"

꼬꼬와 탕이는 유튜브에 하늘을 나는 새를 검색했지만 모두 구독자를 늘리기 위한 낚시영상만 있었습니다.

"어... 아니야 진짜 봤어! 흰색몸을 크게 펼치고 하늘을 날았다니까"

리키는 자신이 본 게 진짜라는 걸 증명하고 싶었어요.

"진짜 너 날면 내가 인정한다 탕이야 인정?"
"응 인정"

리키를 놀리는 재미로 사는 꼬꼬와 탕이는 오늘도 리키를 놀리면서 계속 장

난만 치고 있었어요. 그러자 리키는 문득 날개를 펼치면서 깃털을 보고 생각했어요.

'내가 날 수 있다 에 내 전 재산을 걸자 얘네들은 뭘 걸까?'

한참을 웃던 꼬꼬와 탕이는 리키에게 미안해졌는지 와서 사과를 하며 달래기 시작했습니다.

"리키야 일로 와 이상한 거 그만 보고 들어가서 모이나 먹자"
"그래 오늘 모이는 유기농이여 주인아저씨가 신경 써주셨어"

리키는 꼬꼬와 탕이의 날개를 보고 생각했어요.

'얘네도 날 수 있어, 우리는 날 수 있는데 그저 날지 않는 것뿐이야.'

"얘들아."

리키는 비장하게 친구들을 불러세웠습니다.

"우리 날아보자."

꼬꼬와 탕이는 서로의 얼굴을 쳐다보고 리키에게 말했습니다.

"동작 그만 장난질이냐?"
"뭐야?"
"너 지금 난다고 이야기하고 먼저 가서 모이 먹을 생각했지? 내가 빙다리핫

바지로 보이냐 이새끼야"
"증거 있어?"
"증거? 있지 너는 지금 날자고 하면서 우리 신경을 끌면서 발로는 뛰어갈 준비를 했을 것이여. 그리고 네 날개에 이거 이거 뛸 준비 하고 있는 거 아니여 이거 자 똑똑이 보소 새장 여러분들 얘가 지금 모이 먹으려고 뛸 준비를 한 거 아니여"
"시나리오 쓰고 있네. 닭대가리 새끼가"
"으허허허"

그때 탕이가 이야기했어요.

"리키 그 날개봐봐 진짜 날 수 있어?"
"날개 펴지마 오리대가리 날아가붕께"

리키와 꼬꼬는 서로의 눈을 노려보면서 이야기했어요.

"좋아 내가 날 수 있다는 거에 내 모이랑 전 재산을 건다 넌 뭘 걸래?"
"약 파는 거 보소 이 새끼가"
"천하의 꼬꼬가 왜 이렇게 혓바닥이 길어 후달리냐?"
"뭐? 후달려? 오냐 나도 네가 뛸 준비를 했다에 모든 걸 건다. 가서 기름 올려."

어린 새들 장난을 보던 새장의 어른들도 솥에 물을 올리고 끓이기 시작했어요. 사실 얘네도 재밌었거든요.

"후 준비됐어? 날아볼까?"

꼬꼬는 서서히 리키의 손을 풀면서 날아보라는 시늉을 했어요.
리키는 날개를 펼 준비를 하면서 생각했어요.

'할 수 있다'

날 준비를 하는 리키가 꼬꼬를 보고 이야기했어요.

'내가 날 준비를 열입곱 살 때부터 시작했다. 그때 날 준비하던 애들이 100명이라 치면 이렇게 나는 놈은 나 하나뿐이야. 나는 어떻게 날았냐. 날개 퇴화한 놈 제치고 앞다리로 바꾼 놈 제치고 너처럼 포기하는 놈들... 다 죽였다.
탕이야 사진 한 장 찍어봐라"

리키는 앞으로 순식간에 달려가며 날갯짓을 시도했어요.
모두의 예상과 다르게 리키는 순식간에 날아올랐습니다.

"저거... 저거..."
"날 수 있네?"
"날 수 있어?"

당황한 꼬꼬는 이야기했어요.

"내가 봤어! 저 새끼 날지 못하는 거 봤다고"

여러분 이래서 확실하지 않으면 승부를 걸면 안 돼요.
리키는 하늘을 힘차게 날면서 크게 소리쳤어요.

"아윌럲아캔플라잏"

새장에 모든 새들이 나와서 리키를 보고 날개를 펴기 시작했어요.
그동안 날지 못한다고 생각한 건 자신이었던 거예요.
사실 날 수 있는데 지들이 귀찮아서 날개를 안 펴놓고서 지탓만 하고 있던 거예요.
모두 날 준비를 하고 있을 때 혼자 불안해하던 꼬꼬는 다른 새들을 말리기 시작했어요 .

"이러시면 안돼요, 주인아저씨 나오신다고요."

그때 주인아저씨가 나타났어요.
이래서 말을 함부로 하면 안 되는 건데 새대가리들은 그걸 몰랐어요.
주인아저씨는 한번 새장을 훑어보시고 꼬꼬를 보고 말했어요.

"꼬꼬는 나가 있어 뒤지기 싫으면"

꼬꼬는 힘겹게 나가면서 말했어요.

"고맙다..."

결국 반란의 시초가 된 탕이는 기름에 삶겨 꿩탕이 되었고, 꼬꼬는 후라이드가, 그리고 하늘 높이 올라간 리키는 주인아저씨한테 호되게 혼나서 오리로스가 되었습니다.

이래서 지 분수를 알아야 해요. *끄읕*.

100. 모순의 어원

황희[黃喜]

자는 구부, 호는 방촌으로 조선시대 문신으로 좌의정, 우의정, 인정?어인정을 지냈다. 개성 출신으로 1392년 고려가 멸망한 뒤 은둔생활을 시작하여 유신으로 지내다 조선 건국 후 태조의 요청으로 성균관학관에 제수되었다.

조선시대 내내 좌/우의정답게 국사에 껴든다는 이유로 좌로 구르고 우로 구르고 파직되고 다시 복귀하고를 반복했으며, 세종의 치세가 시작된 후 강원도관찰사 등으로 복직되어 쎄빠지게 구르고 어머니의 상으로 사직하였다가 세종이 다시 불러서 또 좌로 구르다가 사헌부에 개입하여 탄핵을 받고 파직 후 파주 반구정에서 은거하며 참게랑 장어를 먹으며 날씨가 추우니, 건강에 유의하세요.

평소에도 청렴결백한 삶으로 후손들에게도 추앙을 받았으며, 그의 이야기는 교과서에도 많이 나오는 황소, 검은 소 이야기로도 잘 알려져 있다.

1430년 반구정에 은둔할 당시 서양에서 온 사신들과 많은 교류가 있었으며 당시 양학이라 불리던 서양의 언어에 대해서도 많은 연구를 하였다. 1431년 복직하기 전 언제쯤 관야로 복귀할 건지 물어보는 군사의 말에 "뭐...soon..."이라 말하며 국문과 서양의 언어를 합쳐 말하여 '창과 방패 같다'라는 평을 남겼으며 이것이 모순의 어원이 되었다.

101. 요즘 가장 듣고 싶은 말.

그동안 혼자 담아두느라 많이 힘들었지? 고생했어.
이제 괜찮아. 네 잘못 아니야.
그냥 그 사람들이 이상한 거야, 원래 그런 사람들인거야.

절대 네 잘못이 아니야.
보람아 절대 네 잘못 아니야.
그냥 그렇게 된 거야. 원래 그런 거야.

앞으로 더 나아지지는 않더라도, 어제보다 더 좋아질 거야.
내일 더 좋아질 거야. 우리 조금만 더 살자. 제발

복수도 사랑도 하지 말고 그냥 살자.
힘든 거 알고 있어. 괜찮아.
다 괜찮아질 거야.

내가 안아줄게.
네 잘못이 아니야.
우리 잘못이 아니야. 절대로.

예전이 기억나지는 않지만, 다시 예전처럼 지낼 수 있을 거야.
다시 웃고, 짜증 내고, 인상 쓰고, 애교도 부리면서 말이야.
절대 네 잘못이 아니야.

다 괜찮아질 거야.

102. 요즘 가장 하고 싶은 말

너는 내가 진짜 반드시 나락 보낸다.

103. Dora Maar_1

Before I start, I want you to ask that—
Did Pablo Picasso really love Dora Maar?

1.
There are many words calling Dora Maar in the world, but how did Pablo Picasso call her?
The first part of the original song, "The Fifth Subject," I personally think that it made a gaffe to the love of Picasso and Dora Maar.
I think it's a sentence that excludes how Picasso thought about Dora Maar.
It just started in third person with the prejudice that 'They must have loved like this.'
Does it matter if Dora Maar really cried a lot, or was 'a freak' as the media said?
To unravel the relationship between Dora Maar and Picasso, we have to be one of them, or it's useless to watch them in third person.
Meaning, you can't know by just looking at other's tears without tasting.

Everyone would agree that Picasso is an artist who can't really be described by one genre.
If I could define him as just one of the artworks, I used a palette though most would describe hia as a white drawing paper.

As Picasso can make any color, blank paper is meaningless to him.

So the most thing he needs is not a blank paper, the color—the color that is completely different from existing one, and is being new by every mixing.

I dare to judge that Picasso always wanted to mix his own and other colors.

Whether it's art or even sex.

2.

Anyone who have ever looked at his or her lover with catching the breath and lying back would know.

If you don't have such experience, I hope you will try it later.

It is really like I'm going to laugh.

What counts for Picasso is the moment, not the order.

That's why the lover who shared every moment with him would have been his muse, and Picasso with the muse would have been addicted to himself more and more, thinking of himself as a god.

This may sound a little strange,

but wouldn't have Picasso loved himself loving Dora Maar more than loved her? He would.

3.

If there is already too much color on the palette, who will use it?

I can clearly say that no one will use it.

(Here the palette is Picasso's own and Dora Maar's one.)

Ironically, I agree with others about this part that Picasso would always throw his palette away severely when it was full.
But maybe that's because he felt like his color was being painted over.

If Picasso could paint each other again with naked color, he could fill her with colors that aren't in the world, and then Dora Maar can be the only color in the world.

Oh, I started the writing without one thing.
I think Picasso called Dora Maar 'color'.
I want you to ask Picasso which color it is.

*.

The moment when the colors of each other blended is so unutterable that it is written in a language that is not expressed.
Wouldn't they want to capture each other in the art they know, and they make?

So I'm wondering,
Did Pablo Picasso really love Dora Maar?

104. Dora Maar_2

        only one of my color, I don't need other people anymore.
It's just enough for me to hold you and touch you.
People are talking to your tears. They say your name as if nothing happened. dora maar
They're doing it even though they didn't even cry.
So I want to taste you. I'm not sure if I've done such a thing just once.
oh oh oh your color
oh oh oh I will take it out without hesitation
Of course I will only do so if you want it. Because if I want it, it's when you want me.
Actually, I just want to blend in with you without needing anything else.

(*)
oh my dora Fantastic reality strangled me, and the tremendous sound woke me up. So I want you to lock me up with your fingers.
oh my dora I think I know something just a little bit now. In this motionless picture I hope that the present moment will last forever.

2.
I stroked and hugged your wings lying down right now with my breath still.

Then I kissed you again to hide my laughter.

Now I think I know I have you who really became my muse. dora maar

Now I don't have to pray anymore because I have you.

So I want to taste you again to feel like I'm a god.

oh oh oh your color

oh oh oh I'll make it all over me

Of course I will only do so when you want. Because when I want, it's time for you to want me.

Actually, I just want to blend in with you without needing everything.

3.

I can no longer paint you with the overflowing paint on the palette.

Because I don't want to paint you with a feeling of overpainting.

So come and hug me in a peeled color again. I'll fill you with colors that don't exist in the world.

So that you can be the only color in the world.

105. 만약에 당신이 나를 사랑하지 않는다면,

내가 당신의 몫까지 사랑할게요.

106. 당신이 해준 이야기가 아직 나를 움직이게 해서

"근데 뭐 대부분 말했어서...
세상이 다 내 마음대로 되어야 한다는 허세와 내 마음대로 안 되면 세상이 잘못되었다는 가오와 세상이 모두 내 아래에 있다는 자기중심적 사고와 그럼에도 생겨나는 콤플렉스에 대한 자존심적인 사고와 많은 것을 혼자 생각하고 혼자 결정했기에 어쩔 수 없이 나오는, 문제점을 먼저 생각하는 군인적인 면모와...

적다보니 이 모든 것이 대표의 면모이군요. 이 이상은 허세와 가오를 버리라는 둥그스름한 말로 퉁치겠습니다."

107. 글쎄요.

선택이 아니라 이해와 납득을 하고 싶습니다.
어쩌면 세상의 모든 것을 받아들일 수 있게요.
그런데 아마 그래도 저는 선택을 해야겠죠.

계속 부정하든가

아니면

뭐라고 해보든가.

108. 내게 변화를 준 당신에게

　　　지금 생각하니
당신께 감사한 점이 많다.

어떤 이유에서든지 간에 당신과의 대화는 나를 각성시켰다.
우리의 만남이 어떤 식으로 기억되든 간에 감사를 전제로 하자.

눈을 감고 지긋이 옆을 노려보는 듯한 인상으로 사람들을 바라봤다.
누군가는 무서움을 느꼈을 테고, 누군가는 흥미를 느꼈겠지.
나는 당신의 눈을 보고 참 맑다 라는 생각을 했다. 눈만, 그냥 눈만 보고.

첫 만남에서부터 강렬했던 당신의 끝을 봤던 나는 으레 보통의 사람들이 그랬던 당신에게 질색을 했어야했을 것이다.
아니면 질색했음에도 불구하고 참아야 하거나.
그런데 너무나도 많은 상황 속에 익숙한 나는 당신의 그런 모습도 그냥 '그저'라는 단어로 넘길 수 있었다.

당신의 글자들은 너무 단단해서 당신과 함께 있는 모습을 보면 마치 하얀 대리석 같다는 생각을 했다.
너무 순수하고 깨지지 않을 것 같은, 그런
그냥 그런 사람.
지금 생각해보면 맞다는 생각이 든다.
당신은 깨지지 않을 테니.
사람들은 그런 모습의 당신을 좋아할 것이다.
누군가에게 단단한 이미지로 기억될 수 있다니, 참 부럽기도 하면서.

가끔 우체국을 갈 때, 피자집을 갈 때, 파스타를 먹으러 갈 때,
당신이 어디에 있는지 알아서 당신과 조금 가까워질 때
당신이 생각날 것 같다. 그럴 때면,
잠깐 미소 짓고 행복하게 해달라고 기도할 생각이다.

누군가 나를 보고 왜 그러는지 묻는다면,
잠깐 역삼역에 있는 꺾이지 않는 이쁜 꽃을 생각했다고 말하려고 한다.

당신과 나의 만남과 대화가 어떤 식으로 기억되든지 간에
내가 바뀔 수 있는 기회를 줌에 감사한다.

109. 아름다움을 간직한 당신에게

처음부터 당신은 나에게 먼저 다가온 사람이다.
어디서 많이 본 사람이라는 익숙함이 아마 당신을 좀 더 바라보게 만들었을 것이다. 이곳은 내 평생 접점이 없을 것이라 생각했던 사람들과 접점이 생기는 공간이듯, 당신과의 대화에서 우리의 접점이 생겼다.
가끔은 우리의 대화에서 서로 알고 있는 사실을 이야기할 때면 내심 기뻤던 것 같다. 아니 기뻤다.

당신은 내가 알지 못했던 점을 깨닫게도 해주고,
내가 잊고 지내던 감정을 다시 살려주기도 했다.
어떨 때는 죽고 싶던 나를 잠깐이나마 살려주기도 했다.
가끔 당신에게 빚진 기분을 느끼기도 했다.
지금은 어떤지 모르겠지만,
아마 당분간은 그럴 테지.

나도 모르게 당신에게 기대지 않았나 반성을 하게 된 적도 있었다.
몇 번의 익숙함과 편안함을 가졌기에 가끔 침묵이 공간을 잠식할 때면 나도 모르게 당신을 바라보고는 했다.
무언의 도와달라는 의미였을까,
였을까는 무슨 맞다. 당신에게 도움을 받고 싶었다.

한번은 당신이 감정과 상황에 취해서 흔들거리는 모습을 보기도 했다.
그 모습마저 편안하게 느껴진 내가 미안하지만, 그래도 괜찮다는 말에 또 나도 괜찮다 생각했다. 어쩌면 굉장히 큰 실례를 범한 것일 수도 있는데.
지금이라도 당신에게 한 번 더 미안하다는 말을 건네야겠다는 생각이 든다.

편안함을 줌에 감사하며 미안하다.
우리는 앞으로 더 몇 번의 대화를 할 수 있을까
우리는 앞으로 더 몇 번이나 서로를 볼 수 있을까
어떤 행동의 계기 가운데 '우리'라는 단어를 언제까지 사용할 수 있을까?
사실 몇 번이고 더 나를 불러달라 이야기하고 싶다.
연락은 귀찮은 것이라고 치부하는 나에게 먼저 전화해달라고도 하고 싶다.
당신과 가장 가까운 사람하고도 같이 이야기를 나누고 싶다.

나는 이제 이곳에서 도망치지만,
그래도 당신이 허락한다면,
가까운 곳에서 한 번 더 보고 싶다.
주관적으로 판단하기는 싫고 객관적으로 판단하건대 가장 아름다운 당신을 만나서 다행이다.

오늘만큼은 당신의 아름다움과 편안함에 인사를 하고 싶다. 안녕.

110. 미안함을 보내고 싶은 당신에게

우리가 어디서 마주쳤던가,
내가 당신의 이름을 불렀던 적이 있었나
당신이 나에게 말을 건 적이 있었나
우리는 익숙함에 속아서 서로를 알아봤다.

그전에, 정말 우습게도
당신에게 화가 나야 하는, 당신에게 왜 그러냐고 말을 해야 하는 내가 없다.
정말이다. 나도 이상할 정도로 당신의 선택을 존중했다. 이전이었으면 나는 가끔 걸치는 술 한잔에 함부로 당신의 이름을 뱉지는 못해도 다른 사람으로 포장하며 이야기를 했을 텐데 왜인지 그러고 싶지 않았.
당신의 선택을 존중하기도 했지만, 당신의 선택에 이유가 있을 것이라 생각했다. 바보스러운 순수함같이 그저 당신이 어느 곳에서든 편안하기를 바랐다.

솔직하게 당신에게 어디까지의 허용이 필요한지 궁금했다.
어떤 단어를 선택해야 할지도 궁금하기도 하고
그냥 그렇게 다 궁금했던 것 같다.

지금은 그저 응원이라는 두 글자로 당신에게 인사를 고하고 싶지만,
당신의 열정은 사잇글자보다 더 큰 힘을 내기 때문에 부러우면서 안심이 된다. 지금 내가 겪고 있는 이 감정들이 당신을 힘들게 했던 그런 감정과 비슷한 선을 유지하고 있다면 당신이 그 수많은 고통을 어떻게 겪었는지 잠시나마 공감도 하고 존경스럽기도 하다.

나쁘지도 좋을 필요 없으니,
당신의 이름처럼 늘 빛나기를,
다른 사람을 빛나게 만들어주기를 바란다.

111. 편안함을 준 당신에게

아무도 없는 들판에 나무처럼 때로는 바람 따라 흔들리는 듯,
계절 따라 바뀌는 듯 모두를 감싸주지만,
당신은 그곳에, 그 자리에 가만히 앉아있다.

당신에게 몇 마디를 더 요구하면서 당신의 이야기를 들을 걸
이라고 지금에 와서야 한 번 더 후회한다. 사실 거짓말과 진심을 적당히 섞어서 덧붙이자면, 당신은 그저 조용한 눈빛으로 글자를 바라볼 때 행복함을 느끼는 게 아닐까 나 스스로 착각해서 그냥 조용히 두고 싶었다.
조금 오버를 하면 나무에 기대서 앉듯이 그냥 조용하게 옆에 두고 싶었다.

가끔은 흙냄새와 함께 당신의 글들을 만지고는 했다.
손에 잡힐까 봐, 나와 같은 그 정겨운 냄새와 흩날리는 흙먼지가 생각나서 나도 모르게 손을 움켜잡았다. 그런 상상을 주는 글의 주인이 당신이라 좋았다.

당신은 어떤 방식으로든 사람들에게 평화를 줄 사람이라 생각한다.
공교롭게도 머릿속에 악만 가득한 나와는 정반대의 사람이라
당신과 있을 때는 나도 평화를 느끼고는 했다.

지금은 그 평화의 마침표를 붙이게 되지만, 언젠가는 그 마침표를 쉼표로
바꿔 다시 한번 평화를 느끼고 싶다.

오늘 바람이 좋다. 흙냄새와 함께 바람이 불어서 당신이 잠깐 생각났다.
기분 좋은 바람이 당신과 함께하기를.

112. 가끔 설렘을 준 당신에게

아마 나와 비슷한 시간을 걸었던 누군가 나에게 인사를 건넨다면, 불과 몇 개월 전까지의 나는 그냥 가벼운 목례와 그 사람을 눈에서 잊고 머리까지 집어넣지 않았을 게 뻔하다. 지금까지 그래왔고, 당신이 나에게 인사를 건넸을 때 나도 모르게 괜한 기대를 가지고는 했다. 수줍게 웃으며 보이는 입가와 여린 손가락들이 당신을 이야기해서 미안하게도 나는 당신이 누군지 한 번에 맞출 수 있었다.

웃으면 빛이 난다는 게 어떤 건지는 나도 잘 알고 있다. 그런데 당신을 보니 한 번 더 알 것 같다. 당신은 독특한 매력을 가지고 있다. 나를 힘들게 할 정도로 당신은 너무 밝게 빛났다. 그 속이 어두운지, 아니면 어떤 색을 가지고 있는지 나는 아직 모르지만, 적어도 내가 바라본 당신은 눈부시게 빛났다. 가끔 그 빛을 너무 잡고 싶어서 다가갈까 고민도 했다. 그래, 솔직하게 고민을 했다. 한발자국 다가서려다 내가 잡기에는 너무 고귀한 빛인가 싶어서 바로 돌아섰다. 그냥 지금으로도 만족했었다.
눈부시게 빛나는 사람이 내 옆에 있다니, 얼마나 행복한 일인지.

당신이 읽어주는 글과 목소리는 나를 생각에 잠기게 만들었다.
당신은 늘 처음이라는 말을 덧붙이고는 했다. 모두를 깜짝 놀래켜 주고 싶은 당신의 장난인지, 아니면 정말 날 것 그대로의 발음처럼 처음인지, 뭐든지 간에 당신의 처음을 함께 할 수 있어서 감사했다.
그리고 그 처음 안에 있는 모든 글자들은 날 설레게 할 정도로 아름다운 문장들이었다. 어떨 때는 질투가 날 정도로 궁금한 문장들이 가득해서 시기심을 키우기도 했다. 물론 그 순간만 그랬고 지금은 그저 이 글을 쓰는 사람이 당신이라 다행이라는 생각을 한다.

몇 마디 나누지 못한 당신과의 대화에서 나는 행복한 상상을 했다.
그 대화 속 글자들을 풀어가는 시간도 감사했다.
당신의 모든 걸 알고 싶지만, 여기까지의 시간도 행복하기에 더 큰 욕심은 내려놨다. 사실 내려놓은 건 아니고 그냥 물음표 하나 붙였다 가겠다.

고개를 숙이고 다른 사람을 바라보는 당신에게 묘한 웃음을 봤다.
그때는 궁금했고 지금은 안다. 눈부시게 순수한 그 마음을.
앞으로도 궁금하고 변하든 변하지 않든 당신의 마음이니 그냥 당신 마음 한 곳에 이 글을 가지고 가기를 바란다. 그리고 내가 바라본, 나만 바라본, 나만 보고 싶은 그 웃음도 같이.

오늘 하늘의 별이 이쁘다. 낮에도 별이 보인다.
오늘의 당신도 이쁘다, 당신의 눈에서 별이 보인다.

113. 나를 지켜주는 당신에게

    툭. 뱉는 그 한마디에 나는 묘한 동질감을 느꼈다.
우리는 어쩌면 같은 언어의 맥락을 가지고 있구나.
누군가에게는 기분이 나쁠 정도로 건방진 말이지만 당신 같은 사람이 되고 싶었다.
만약 내 성격이 조금 더 사람들에게 다가갈 수 있는 성격이었으면,
어쩌면 우리는 더 일찍 만날 수 있지 않았을까 하는 생각이 든다.

이처럼 짧은 시간 안에 나와 이 정도의 대화를 한 사람이 있을까
싶을 정도로 당신과의 대화는 즐거웠다.
으레 하는 말들처럼 앞으로도 계속 즐거운 대화를 할 수 있을 것 같은 사람이라 내게는 너무나 반가운 인연이다.
바보 같은 상상이지만 당신의 결혼식에서 축가를 불러주고 싶을 정도로 아끼게 된 사람이다.
당신이 허락할지 모르겠지만 말이다.

당신에 대한 고찰은 더 길게, 더 깊게, 더 특별하게 쓰고 싶지만 그러지 않기로 했다. 여기에 적을 말들을 우리는 앞으로 만나서 할 수 있을 거라는 생각이 들어서. 딱 한 가지만 덧붙이는 부탁을 적는다면,
나도 노력할 테니 다음에는 서로가 기분 나쁘지 않게 '시발'이라는 단어를 사용할 수 있는 사이가 되었으면 좋겠다.
물론 내가 더 노력해야겠지만.

당신의 말대로 나는 책임감과 배려심을 도려내고
그 공간을 무심함과 공허함 아니 비어진 상태로 무엇이든 채울 생각이다.

내가 어떻게 변해가는지도 지켜봐 줬으면 좋겠다.
어떤 식으로든 당신은 나에게 큰 영향을 준 사람이니.
나도 당신에게 영향을 줄 수 있는 사람이 되었으면 한다.

114. 되고 싶고 닮고 싶은 당신에게

당신의 글을 더 읽고 싶었다. 글보다는 당신의 생각을 더 읽고 싶었다. 내 잘난 맛에 살고 있는 나는 당신과 같은 사람들이 사실 제일 무섭다. 나보다 똑똑하고 더 많이 아는 사람들.

넓고도 얕은 지식을 가지고 있는 나에게 당신은 두려움을 주는 동시에 존경심을 주는 경외할 수 있는 사람이었다. 짧은 만남이 아쉬울 정도로 당신을 더 보고 싶었다. 기회가 된다면 따로 찾아가서 이것저것 물어보고 싶을 정도로.

온화한 미소로 사람들을 바라봐주는 당신은 어떤 감정을 느끼고 살고 있을까 궁금하고 그 눈에 보이는 편안함을 나도 느끼고 싶다.
살며시 웃어주는 그 미소는 가지고 싶고 부럽기도 하다.

이 공간에서 보낸 당신의 날들과 시간이 행복했기를 바란다.
이 공간에서 보낸 당신과의 만남이 행복했기를 바란다.
나는 이 공간뿐만 아니라 당신과 함께한 순간이 행복했다.

가끔 시간이 나면 당신의 글을 읽어본다.
가끔 생각이 나면 당신의 글을 바라본다.

언젠가 모두가 잊어버린 그 순간에도 나는 당신의 글이 생각날 것 같다.
당신을 만나는 모든 사람들이 내가 느낀 것처럼 여운과 울림을 받을 수 있기를. 당신 또한 그 울림을 받아 누구보다 강한 심장을 가질 수 있는 사람이 되기를 바란다.

115. 부러운 당신에게

　　　　가끔 당신이 부러웠다.
그 꿈을 향해 나가는 추진력이.
항상 모든 걸 두려워해서 내가 원하는 걸 갖지 못하는 나에게
당신은 큰 본보기라 할 수 있을 정도로 즐거운 사람이었다.

당신의 글들은 다채로운 표현과 함께 흥미를 가져왔다.
나에게 재미있는 글이 무엇이냐고 이야기하면 당신의 글을 보여주고 싶다.
어떤 의미를 떠나서 당신의 글은 정말 재미가 있다.
누군가에게 자랑을 하고 싶을 정도로.

당신과의 대화 속에서 당신의 생각을 엿볼 수 있었고
그 생각 속에서 너무도 순수한 생각을 가진 당신을 볼 수 있었다.
비웃는 것은 아니지만 웃음이 날 정도로 순수하기에 건방지게 귀엽다는 생각을 했다. 사실 조오오금 귀엽기도 하다.

가능하다면 우리가 어디선가 또 마주쳤으면 좋겠다.
이렇게 사적인 이야기를 하는 사이보다는 공적인 자리에서 서로 마주치기를 바란다.
팽팽하게 긴장의 끈이 밀고 당겨지는 그런 공간에서의 당신과 만나면 더욱 재미있을 것 같다.
서로의 글과 언어들이 주고받는 그런 공간.
무척 기대된다.

당신에게 응원의 말보다는 그저 괜찮다라는 말을 더 건네주고 싶다.

괜찮다.
당신이 하는 모든 일과 당신의 글은 괜찮다
당신의 말과 모든 행동도 괜찮다.
모두가 바라고 모두가 꿈꾸는 평범함보다 당신은 괜찮은 사람이다.
부럽기도 하고 질투가 나지만 나에게 괜찮은 당신이라 당신은 괜찮다.

116. 나쁜 건 타이밍이 아니라

수많은 저의 망설임입니다.

117. 다른 사람에게는 없고 나에게만 있는 것.

나 자신

118. 당신에 대한 고찰

스쳐 지나가는 것들의 순간을 담아내어 세상의 아름다운 것들에 대한 고찰(**考察**)을 통해 당신을 봐서 다행입니다.

119. 나는 세상이 바라던 사람이 아니야

하지만 이 세상도 내가 바라던 곳은 아니야.

120. 저기 죄송한데요. 혹시 이 책 읽을 시간 있으시면,

저 좀 좋아해주세요.

121. 그럼에도 불구하고 나는 매년 쓰는 나의 자서전은

천호역 8번 출구에서, 지금부터 7년 전, 저녁 8시 고마웠어.

122. 난 다시 태어나도 당신하고만 사랑하고 싶어

라고 저번 생에도 당신께 이야기했습니다.

123. 송시(送詩)

　　　　　당신에게 나는 몇 마디 말 나눈 낯선 사람
당신 인생에 찰나였을 텐데 왜 나는 평생을 이렇게 당신을 끌어안고 살까
피우던 담배, 때 묻은 흰 운동화, 약간 탄 뒷덜미
당신의 조각을 억지로 눌러 두고 애써 살아가는 것을 알까

어느 새벽녘에 문득 잠에서 깨어 엉엉 운 일이 있었다
나는 이다지도 나를 깨우는 당신을 몰아내려 애를 쓰고 살아가는데
당신 어느 언저리라도 날 떠올린 일이 있을까
나는 매 순간 모든 시간 문득 방류하는 당신 때문에
고개를 흔들어대며 살아가는데 왜

에필로그. 응원할게요, 이번에는 진짜로요.

올해 역시 작년과 마찬가지로 참 애매한 한 해입니다.

망할 것 같지 않던 게임(도박)이 망하지 않나, 말로만 듣던 주식 대박이라 쓰고 투기라 읽는 일들이 벌어지고, 직장인 3대 후회 요소를 고루 갖춘 비트코인은 급락과 떡상을 반복하고 있죠.

이 세 가지, 그리고 2020년부터 계속된 코로나는 근로의욕뿐만 아니라 삶의 의욕조차 앗아가기 충분했습니다. 아니 사실 충분하고도 넘쳤습니다.

제 인생도 앞자리가 바뀌면서 전에 없던 변화를 맞이하고 시작했습니다. 재작년부터 시작된 원인불명의 간염/암은 아직까지 원인을 못 찾아 매번 깨어날 때마다 오늘은 안 아프겠지 라고 기도를 하게 만들고 있고, 모아놓은 돈은 한 푼도 없는데 남들이 할 때는 움직이지도 않다가 하지 않을 때 움직이는 신박한 투자법을 개발해 어느새 오올블루를 달성하는 기염을 토해냈습니다.

영화 [수상한 그녀]의 극 중 초반에 나오는 대사입니다.

"저는 서른 넘으면 자살할 거예요. 뭘 구질구질하게 칠, 팔십까지 살아요?"

근데 제가 이제 서른입니다. 다행히도 아직 자살은 안 했네요. 퇴근하는 길에 올림픽대로에서 우회전하고 싶기는 하지만, 아직 시도는 안 해봤습니다. 사실 해볼까했는데 아직 대출이 남아서 하기 쉽지가 않네요 망할 그런데 우연찮게도 비단 저만 힘든 게 아니었어요. 제가 제일 힘들다고 생각했는데, 물론 지금도 그렇지만. 다 힘들더라고요. 정말 모두가. 주차장 나갈 때 보이는 출근하는 사람도 힘들고, 내 앞에서 깜빡이 안 켜고 들어오는 사람도 힘들고, 출근해서 엘리베이터에서 마주치는 사람도 힘들고 세상에 안 힘든 사람은 없습니다.

세상 모든 사람이 힘든 건 아니지만, 사람이면 다 힘들어요.

그런데도 다 노력하면서 살고 있습니다. 이게 참 웃긴 게, 언제부터인가 우리는 노력에 대한 보상을 충분히 받지 못하고 있다고 생각해요. 성취감이라고 해야 할까 그런 것들이 아닌 경제적이거나 물질적인 보상들. 취업해서 성실하게 근무하고 내일채움공제와 적금으로 미래를 위해 돈을 모아도 집 한 채 살 수 없는 세상이 되어버렸죠. 누구를 탓하거나 욕하고 싶지는 않습니다. 이미 그러기에 너무 많이 지쳐버렸거든요. 노력에 대한 보상은 당연히 없어져도 저를 욕하고 싶지 않아요. 부모님을 원망하고 싶지도 않고요. 그냥 제가 운이 없던 거라 생각했습니다. 남들보다 노력했지만, 운이 없었다. 나는 운이 없는 사람이다.

브레이브걸스의 역주행에 눈물이 나는 건 아마 제 모습, 우리의 모습이 그녀들에게 투영되서 그런 게 아닐까 하고 오늘 출근롤린을 하는 길에 생각했습니다. 그녀들도 우리와 같지 않았을까. 열심히는 했지만, 운이 따라주지 않았죠. 음악이라는 예술의 재능은 있었지만, 천재적인 음악인들과의 격차는 노력으로도 잡을 수 없었고, 나이가 어려질수록 인기가 높아지는 후배들과 반비례하는 삶 속에서 어떻게든 버티고 있었을 텐데. 으레 모든 성장소설들이 그렇듯 그럼에도 불구하고 그녀들은 포기하지 않고 그 속에서도 행복을 찾고 있었습니다. 물론 포기를 결정하는 순간도 있었지만.

우연과 알고리즘을 가장한 그녀들의 노력이 빛을 내는 순간. 제게는 꼬북좌의 행복미소를 본 순간. 정말 눈물이 핑 돌았습니다. 울었다면 거짓말이고 솔직하게 쏟아낸다면 '와 진짜 위문공연에서도 저렇게 웃을 수 있구나'라고 생각했습니다. 가식 없이 정말 행복할 수 있구나, 저 상황 속에서. 군 생활을 8년이나 하고 나왔기에 위문공연이 참 뭐랄까. 그 좀, 얼마나 돈이 안 되는 장사인지 잘 알고 있거든요. 나라를 지키는 병사들에게는 정말 위로가 되는 공연이지만 정작 공연을 하는 당사자들에게는 돈이 안 되고, 그들의 주 소비층이 아니기에 굳이 할 필요가 없는 공연이라고 생각하는 편이 다수입니다. 케이블과 지상파 방송을 끼고 하는 방송도 아닌 정말 바둑TV보다 시청률이 안 나올 것 같은 국방TV로 송출되는 영상을 누가 볼까요

그런데도 그녀들은 위문공연을 셀 수 없이 많이 다녔습니다. 정말 소속사가 국방부인가 싶을 정도로 빡세게 굴렸어요. 비를 맞으면서까지 자신을 응원하는 사람들을 위해 롤린했습니다.
(앞으로 '롤린했다'는 '끝없이 노력했다'라는 의미로 쓸 생각입니다.)

그런 모습을 사람들이 알고 있기에 그녀들의 역주행에 같이 기뻐하고 있으리라 생각합니다.

무엇보다도 그녀들에게서 롤린하는 법을 배운 수많은 예비역과 현역군인, 그리고 많은 사람들이 브레이브 걸스를 응원하고 있죠. 바쁜 삶 속에서도 그녀들에게 자신의 모습을 투영하면서 자신을 응원하고 있으리라 생각하고 믿고, 저 또한 응원하고 있습니다.

한국전 참전 용사인 윌리엄 빌 웨버 대령님이 하신 말씀이 있습니다.

"군인의 자부심은 이기는 것이 아닌 지키는 데서 온다."

우리 모두 1위에 목메어 미칠 필요 없어요. 우리는 이기는 것이 아니라 그 자리에 머물도록 지키는 사람들이니까.

가끔은 그녀들이 어디까지 올라갈지, 다음 행보가 어떻게 될지 가끔은 감히 상상하고는 합니다.

아무리 생각해도 곡 제목인 '롤린'은 참 기막힌 우연의 단어인 것 같아요. 사실 롤린의 정확한 뜻은 잘 모르지만 대충 감으로 찔러봐서는 둥글게 둥글게 같은 뜻이 아닐까.

남들의 시선에는 그 자리를 그대로 돌기만 하는 것처럼 보이겠지만 사실 나아가고 있는 것처럼. 그녀들에게 정말 어울리는 제목이라 생각합니다. 그리고 우리들에게도.

우리는 나아가고 있어요,
당신도 그렇고요.
제자리걸음에서 함께 나아갑시다.

드립-북

끄-읕

추신 1.

브레이브걸스의 인터뷰 영상 중 기억에 남는 댓글이 있다며 힘이 난다고 했던 내용이 있었습니다.

'얘들아, 포기하지 마.'

포기하지 말자. 우리 모두.

추신 2.

내가 사랑했던 사람들과 내가 사랑하는 사람들,
앞으로 내가 살아가면서 사랑해야 할 모든 사람들에게 감사합니다.

드립의 정석

장르는 에세이로 하겠습니다. 근데 이제 드립을 곁들인

지은이　　산란 @official_sanran
펴낸곳　　출판사 산란 @mountain.egg
출판등록　2020년 5월 25일 제386-2020-000039호
이메일　　booksanran@gmail.com
초판 1쇄 발행　　2022년 6월 1일
초판 6쇄 발행　　2025년 7월 5일

ⓒ 이보람

ISBN 979-11-91855-03-6

* 이 책의 판권은 지은이와 산란에 있습니다.
내용의 전부 또는 일부를 재사용하려면 한 번 사용해보세요.

* 이 책에 사용된 글꼴은 KoPubWorld바탕체_Pro입니다.

* 이 책에 사용된 컴퓨터는 회사컴퓨터입니다.